少林秘传绝技丛书

少林腿法绝技

邓方华　编著

人民体育出版社

图书在版编目（CIP）数据

少林腿法绝技 / 邓方华编著. -- 北京 : 人民体育出版社, 2019（2024.7重印）
（少林秘传绝技丛书）
ISBN 978-7-5009-5483-5

Ⅰ. ①少… Ⅱ. ①邓… Ⅲ. ①少林武术－腿击法(武术)－基本知识 Ⅳ. ①G852.4

中国版本图书馆CIP数据核字(2018)第272025号

*

人民体育出版社出版发行
三河兴达印务有限公司印刷
新　华　书　店　经　销

*

880×1230　32开本　8印张　183千字
2019年3月第1版　　2024年7月第3次印刷
印数：6,001—8,000册

*

ISBN 978-7-5009-5483-5
定价：32.00元

社址：北京市东城区体育馆路8号（天坛公园东门）
电话：67151482（发行部）　　邮编：100061
传真：67151483　　邮购：67118491
网址：www.psphpress.com
（购买本社图书，如遇有缺损页可与邮购部联系）

丛书插图制作

（排名不分先后）

邓方华	高　翔	凌　召
潘祝超	谢静超	赵爱民
黄守献	王松峰	李贡群
高　绅	黄冠杰	黄婷婷

总 序

2017年1月25日，中共中央办公厅、国务院办公厅印发了《关于实施中华优秀传统文化传承发展工程的意见》（以下简称《意见》），并发出通知，要求各地区各部门结合实际认真贯彻落实，体现了党和政府对中华优秀传统文化的重视。

在国民教育方面，《意见》提出：加强中华优秀传统文化相关学科建设，重视保护和发展具有重要文化价值和传承意义的“绝学”、冷门学科。在保护传承文化遗产方面，《意见》提出：推动民族传统体育项目的整理研究和保护传承。

中华武术有着几千年发展的历史，是中华民族在社会实践中创造的宝贵财富，是中华文化的重要组成部分。少林武术作为中华传统武术的优秀代表，其秘传绝技与武学秘籍一直是武术爱好者竞相学习和研究的对象。目前在国家的重视下，少林武术发展形势良好，但也存在可供学习的少林武术书籍相对较少的问题，因此，需要对少林武术的相关技艺进行整理出版，使中华武术进一步发扬光大。

《少林秘传绝技丛书》应运而生。本系列丛书依据“健康第一”的教育理念和“便于传承与发展”的要求，邀请有关专家参与编写，披露了少林武术的多种秘法绝艺。先期出版的有《少林点穴绝技》《少林擒拿绝技》《少林擒跌绝技》《少林短打绝技》《少林腿法绝技》《少林古传擒拿与点穴》《少林古传技击术》《少林八段锦古传秘功》《少林易筋经古传秘功》9本，后续还会出版相关系列图书。这套丛书既可作为武术爱好者学习研究的参考用书，也可作为各级各类武术教员的教学用书。

本系列丛书注重图文并茂，避免抽象化和纯理论化，意在提高现代武术爱好者的学习兴趣；立足于理论联系实际，突出学以致用要则；力求简洁明晰，便于阅读，便于练习。当然，不足之处在所难免，欢迎读者批评指正，以利今后进一步充实与完善。

内容提要

1.“手是两扇门，全凭腿踢人”“一寸长一寸强”，腿脚是技击进攻的重要利器，以腿踢人，力大劲足，杀伤强烈，势猛难挡。少林腿法，乃“北腿之祖”，前踢后撩、横击直劲、扫蹬撞顶、高低回环，丰富多彩，变化多端。

2. 太祖腿击，铁腿硬劲，架势大开，放长击远。长劲通透犀利，力量充足，杀伤力强；且攻击距长，覆盖面大，出腿敌难逃。

3. 戳脚，被誉为“北腿之杰”。其注重腿法，擅长腿法；动作舒展，放长击远；硬攻直进，快速勇猛。戳脚有“八根”，丁、踹、拐、点、蹶、错、蹬、碾；戳脚有“八绝”，提、圈、掀、插、摆、点、踢、蹬，各有其妙。

4. 少林潭腿，行走如猫，抬腿似风，落地生根。技击时，上下盘同步出击，令敌防不胜防。下盘发招，讲究“腿不过裆”，动形较小，速度很快，收发自如；上盘进击，注重劈砸，力度强大，招势威猛。

5. 少林金刚绝杀连环腿，来自少林嫡宗金刚门，据说由“少林铁腿王”僧稠所传。此连环腿法，共有二十四势，势势勇猛，招招刚劲，腿腿绝杀，乃自卫防身不可多得之绝技。

6. 达摩派乃少林古传名门，少林很多流派大都由此演变而来。少林达摩腿法，以古朴实用、攻击犀利、灵活多变而著称武林。达摩追魂连环腿，共二十四势，势势精湛，招招连环，腿腿追魂，乃临敌防身之秘传绝技。

7. 韦陀门乃少林古传名门，此派不但讲究功夫，勇冠武林；而且注重技击，招法严谨，拳脚并用，惯用腿击。韦陀迷魂连环腿，共二十一势，有直有横，时左时右；忽高忽低，声东击西；真真假假，虚虚实实；令敌无从捉摸，防不胜防。

8. 武松拳，也叫“二郎拳”，乃少林古传名门。武松拳法，拳势粗犷，刚猛有力；拳脚并用，硬打快攻。武松鸳鸯腿，注重踢法，高腿低脚，长扫低铲，应有尽有，堪称绝技。

目 录

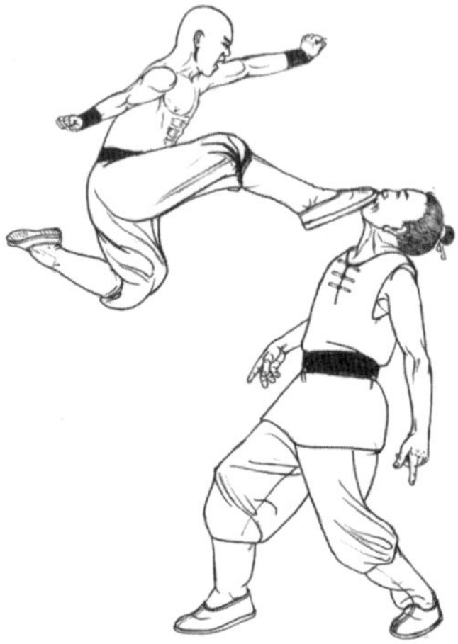

第三章 少林秘传戳脚八根（八势）/ 42

第四章 少林秘传戳脚八绝（八势）/ 54

第五章　少林临清潭腿秘法（十势）/ 70

第六章　少林金刚绝杀连环腿（二十四势）/ 86

第一章

少林腿法入门（二十一势）

“手是两扇门，全凭腿踢人”“一寸长一寸强”，腿脚是技击进攻的重要利器。以腿踢人，力大劲足，杀伤强烈，势猛难挡。

少林腿法，前踢后撩、横击直劲、扫蹬撞顶、高低回环，丰富多彩，变化多端。但万变不离其宗，基础的单腿练习才是绝招有成的开始。如果舍本逐末，则终无所成。

技击腿法尤重单练，每一腿都要练上千遍万遍，每一踢都要达到势正形顺、快捷刚硬，过不了这关，不要练招。假使操之过急，空有外形，不能杀伤，招也无用。

这一章即介绍少林常见的入门踢法，为今后修习各种高级绝杀连环腿打下坚实之基。

一、寸腿

【单练】

预备势站立。支撑腿稍屈，另一腿屈膝提起，由屈到伸，脚面绷平，向前探出，力达脚尖，高与膝平或略低于膝部。（图1–1）

图1–1

【要点】

踢腿放松，击触瞬间脚尖绷紧，力要快而短促，快弹快收。

图1–2

【技击】

寸腿，攻击下盘，踢击部位以对手的小腿前胫为主。（图1–2）

此腿简单有效，使敌防不胜防。

二、十字腿

【单练】

预备势站立。支撑腿稍屈，另一腿屈膝提起，由屈到伸，脚面绷平，小腿向前弹出，高不过腰，低不过膝，略与裆部平为宜，力达脚尖。（图1–3）

图1–3

【要点】

与寸腿要领相同。

图1–4

【技击】

用脚尖弹踢敌裆部。致敌疼痛难忍，甚则晕厥。（图1–4）

三、正弹腿

图1-5

【单练】

1. 预备势站立。支撑腿稍屈，另一腿屈膝提起。（图1-5）

2. 由屈到伸，小腿向前弹出，脚面绷平，力达脚尖，上体直立或稍后倾。（图1-6）

图1-6

【要点】

脚尖用力，弹击脆而有力，快弹快收，身腰放长，动作连贯。

图1-7

【技击】

此腿提膝可防御对手攻击我下盘，随之可上踢敌咽喉。（图1-7）

四、侧弹腿

图1–8

【单练】

1. 预备势站立。支撑腿直立或稍屈，另一腿屈膝提起并内旋，膝关节斜向上。（图1–8）

2. 由屈到伸，小腿向前弹出，脚面绷平，力达脚尖，上体侧倾，目视踢腿方向。（图1–9）

图1–9

【要点】

脚面绷平，膝关节内扣，发力突然、快速，有爆发力，髋部要打开。此动作踢击后下肢空隙较大，要做好自我保护。

【技击】

在实战中，视对手站立姿势，灵活掌握踢腿高度，可弹击腹部、头部、腰部与背部。在运用中，也可勾起脚尖踢击对手。（图1–10）

图1–10

五、腾空弹腿

图1–11

【单练】

1. 预备势站立。一腿屈膝前摆。（图1–11）

2. 另一腿蹬地跳起（身体腾空），由屈到伸向前弹出，力达脚尖。（图1–12）

图1–12

【要点】

起跳突然，弹踢须在空中完成，要快、准、稳、远。

图1–13

【技击】

与敌对峙。我虚晃佯攻，敌闪退滞缓之际，我腾空弹踢敌颈部或面部。（图1–13）

六、前蹬腿

图1–14

【单练】

1. 预备势站立。支撑腿直立或稍屈，另一腿屈膝提起，膝高过腰。（图1–14）

2. 随即，脚尖勾起，以脚跟为力点，小腿猛力向前蹬伸。（图1–15）

图1–15

【要点】

提膝要高，蹬击要脆。

图1–16

【技击】

敌用拳攻击我时，身体重心必前移，我可以脚蹬击敌胸、腹部。（图1–16）

七、低蹬腿

图1–17

【单练】

1. 预备势站立。支撑腿直立或稍屈，另一腿屈膝提起，大腿外旋，脚尖向外。（图1–17）

2. 由屈到伸，脚尖勾屈，脚掌向前，小腿猛力向前蹬伸，力达脚跟。（图1–18）

图1–18

【要点】

抬腿与大腿外旋要同时完成；脚跟领先，发力要有寸劲，当接触到对手时，髋部要前伸，高不过膝。

图1–19

【技击】

蹬踹对手膝关节，使其无法站立行走。（图1–19）

八、后蹬腿

【单练】

1. 预备势站立。支撑腿直立或稍屈，另一腿屈膝提起，小腿后屈，目视后侧方。（图1–20）

2. 随之，由屈到伸，脚尖勾起向前斜下，脚掌向后猛力蹬出，力达脚跟，上体侧俯。（图1–21）

图1–20

图1–21

【要点】

后蹬时，上身倾俯与腿蹬方向成一直线，身体对拉维持平衡。

【技击】

后蹬腿也称“虎尾腿”，可用于对付背后对手，蹬击敌胸、腹部或裆部。（图1-22、图1-23）

图1-22

图1-23

九、扶地后蹬

【单练】

身体向支撑腿一侧转身，同时两手扶地，另一腿由屈到伸向后上侧蹬出，力达脚跟。（图1–24）

图1–24

【要点】

转身扶地要协调，借力发力，蹬腿快而猛。

图1–25

【技击】

敌进攻势猛，我上体侧倾，两手扶地，将一腿向斜上后方蹬出，迎击扑上来的敌胸部或腹部。（图1–25）

十、低踹腿

【单练】

1. 支撑腿直立或稍屈，另一腿屈膝提起。（图1–26）

2. 大腿稍内旋，由屈到伸，小腿猛力踹出，力达脚底，高约与膝平。（图1–27）

图1–26

图1–27

【要点】

侧倾身体，重心下降与踹击要协调，尽量伸髋。

图1–28

【技击】

攻击对手膝部，使对手丧失行动能力。（图1–28）

如果能灵活运用步法，双方中距离对峙时，我后脚向前垫步，抢进前脚踹击其前胫，可以踢远。

十一、侧踹腿

图1–29

【单练】

1. 支撑腿直立或稍屈，另一腿屈膝提起。（图1–29）

2. 随之，由屈到伸，上体侧倾，大腿外展，用脚掌部向体侧猛力踹出，腿高过腰。（图1–30）

图1–30

【要点】

抬腿与踹出要协调，在踹击即刻须用寸劲。

图1–31

【技击】

侧踹的威力较大，即使对手采用阻挡措施也难免会被踢中或受伤，在实战中使用较广泛。这种攻击，可在中等距离上发起，踹击对手胸、肋部位。（图1–31）

十二、插步侧踹

【单练】

1. 预备势站立。右脚经左脚后侧插步，上体右倾左扭身。（图1–32）

2. 左脚随之提膝，由屈到伸，向左侧上方以脚掌为力点踹出，高与腰平。（图1–33）

图1–32

图1–33

【要点】

插步及时，支撑腿要稳固，踹腿尽量放长。

【技击】

插步，俗称“偷步”。利用步法的变化，结合假动作，在中等距离的情况下，侧踹对手躯干部位，使其失去重心或受伤。

1. 双方在中等距离对峙时，我以后脚向前脚后插步。（图1–34）

2. 同时，另一腿由屈到伸，脚掌向侧猛力踹击对手胸部。（图1–35）

图1–34

图1–35

十三、蹬踹腿

【单练】

1. 双方对峙，对手起腿攻我下盘。我支撑腿稍屈，另一腿屈膝提起并外旋，脚尖斜向外，蹬截其踢腿踝关节。（图1–36）

图1–36

2. 身体内转，大腿内旋，以脚掌为力点向前侧踹敌胸。（图1–37）

图1–37

【要点】

蹬踹要连贯。踹击时充分利用身体扭转加大力度，支撑要稳。

【技击】

此腿属连环招术，用蹬截封住其腿，顺势改用踹腿攻击其上盘，使其措手不及。

十四、勾踹腿

【单练】

1. 双方对峙，我支撑腿屈曲，另一腿脚尖勾起内扣，由外向里勾踢对手前脚跟或小腿后侧。对手抬腿避过。（图1–38）

图1–38

2. 随即，我勾踢脚绕开其腿，由屈到伸，以脚掌为力点向侧猛力踹出，踹击对手腹肋部。（图1–39）

图1–39

【要点】

勾踢时，脚尖内扣似钩，紧贴地面，用内侧勾踢其脚后跟。踹腿要敏捷快速。

【技击】

勾踢对手脚跟或小腿下后侧，使其倒地。此动作不成，接踹腿击其胸、腹部。

十五、倒地侧踹

【单练】

1. 身体侧卧，一腿屈膝贴地，另一腿屈膝上抬。（图1–40）

2. 随之，两脚尖勾紧，上腿由屈到伸，向前上猛力踹出。（图1–41）

【要点】

倒地要适宜，踹腿要掌握时机，踹腿要猛。

图1–40

图1–41

图1–42

【技击】

倒地腿踢是武术地趟法。当对手近身时，即使倒地，也可使用勾踹、扫踹等腿法发起攻击。（图1–42）

十六、腾空侧踹

【单练】

两腿同时起跳腾空，一腿屈膝上提，另一腿由屈到伸，向体侧猛力踹出，力达脚掌。（图1–43）

图1–43

【要点】

腾空要高，贵于神速，踹击要远。

图1–44

【技击】

抢占高位，争取主动，重击对手一脚，使其丧失战斗力。（图1–44）

十七、前扫腿

【单练】

预备势站立。身体重心下降，支撑腿屈曲，另一腿脚尖内扣，由外向里，脚掌擦地向前扫击。（图1–45）

图1–45

【要点】

扫时不要有预见性动作，踝部扣紧，以脚内侧扫击对手脚跟，以腰带劲迅速前扫。

【技击】

1. 对手出拳攻击我头部，我抬臂上格防阻。（图1–46）

2. 同时，身体半蹲，扫击其前脚脚跟，使其摔倒。（图1–47）

图1–46

图1–47

十八、后扫腿

【单练】

1. 身体前俯，两掌撑地，支撑腿屈膝全蹲，另一腿伸直仆地，脚尖内扣，脚掌贴地。（图1–48）

2. 伸腿向后擦地扫转约180°，力达脚后跟。（图1–49）

图1–48

图1–49

【要点】

撑地后扫要快速协调，扫腿脚跟不可掀起，以腰催劲。

【技击】

扫击对手脚跟，使其身体后摔倒地。（图1–50、图1–51）

图1–50

图1–51

十九、里合腿

【单练】

预备姿势站立。支撑腿自然伸直，另一腿由外向里，脚尖向上作扇面摆击，力达脚跟。（图1–52）

图1–52

【要点】

起腿动作要快速，气势要猛，不要有先兆，掌握好时机，以腰劲带腿。

图1–53

【技击】

里合腿要有相当的柔韧性，要求较高。在实战中，以我特有的柔韧素质，给对手以意外的击打。使用时力点要有所偏重。（图1–53）

二十、外摆腿

图1–54

【单练】

预备姿势站立。支撑腿自然伸直，另一腿由里到外，脚尖向上作扇面摆击，至最高点向下劈击，力达脚跟。（图1–54）

图1–55

图1–56

【要点】

摆劈要协调，充分利用腰力，势要猛，力要足，动作不得滞缓。

【技击】

1. 对手以摆拳向我头部打来，我即下沉偏闪而过。（图1–55）

2. 迅疾以外摆腿反击其后脑。（图1–56）

二十一、后撩腿

【单练】

预备势站立。身体后引，重心后移，后腿屈膝，前腿自然屈膝，脚尖触地。（图1–57）

随即，支撑腿伸直，上体平俯，抬头挺胸，另一腿脚跟用力向上撩踢。（图1–58）

图1–57

图1–58

【要点】

佯败逼真，挺胸、抬头与后撩要一致用力。

【技击】

1. 对手冲拳向我头部击来，我拧腰避开佯败。（图1–59）

2. 随之，后撩腿击敌裆、腹部。（图1–60）

图1–59

图1–60

第二章

少林正宗太祖连环腿（七势）

太祖拳又名“洪拳”或“红拳”，在中国武术中，家数很多。本太祖拳乃民国“中央国术馆第一届国术国考”优等获得者张世德师承，至今已三十八代，内容完整，技法全面，宗风刚猛，注重实战，属少林派正宗嫡系。

本章招法来自“太祖大战拳”，其拳专练猛劲，注重发力，带上腰法，配合步法，冲击扑进，大开大合，很有气势。拳诀曰：“太祖秘拳大战法，重拳重腿重伤杀。带上腰法练猛劲，要想胜人全靠它。”

太祖腿击，铁腿硬劲，架势大开，放长击远。长劲通透犀利，力量充足，杀伤力强；且攻击距长，覆盖面大，出腿敌难逃。今就其连环腿，采其精招而析之。

一、枯树盘根

【实战举例】

1. 敌右脚前移，左脚上步进身，左拳击打我面部。我迅疾将左脚收至右脚尖前，上体右转，右脚退后一步，沉身下坐，两臂向左下摆，避过敌拳攻击。（图2-1）

图2-1

图2-2

2. 动作不停，我左转体，左脚尖外展，右脚擦地勾踢敌左脚后跟，使敌左腿悬离地面而失衡。（图2-2）

3. 我右脚落地，右弓步，右拳反背击打敌腹，致其重创。（图2-3）

图2-3

【技击要点】

收步避拳为勾踢腿蓄势，勾踢部位不宜过高，以敌脚后跟为宜，一旦踢中，可致敌失衡倒跌。反背拳为后续攻击。

二、斜踹山门

【实战举例】

1. 敌右脚前移步，左脚蹬踢我腹部。我左脚向后撤退一步，上体左转，右腿屈膝上提向左旋，两手交叉于胸前，避过敌腿蹬击。（图2-4）

图2-4

2. 动作不停，我上体左倾，右腿伸膝，以脚掌为力点，踹击敌胸，将敌重创。（图2–5）

【技击要点】

收腿避敌攻击，是为踹腿蓄势。收腿提膝时，可用膝部格挡敌攻击腿外侧，顺势还一踹脚。整势动作连贯自然，力点准确。

图2–5

三、撩踢连珠

【实战举例】

1. 敌右进步，右拳横击我头部。我迅疾将左脚向右盖步，重心落于右腿，沉身下坐，两手交于胸前，避过敌拳锋芒之际，上身左转，注视敌方。（图2–6）

图2–6

2. 随即，上体前倾并微向左转，左脚掌擦地向后划弧撩踢敌裆部。（图2–7）

3. 动作不停，左脚收落步，上体右转，同时，右脚蹬地而起，迅疾向后撩踢敌裆部。两次撩踢敌裆，重创之。（图2–8）

图2–7

图2–8

【技击要点】

盖步避躲动作要灵活自然。两腿连环撩踢力量爆发，力贯脚掌，不给敌喘息之机，攻击点以敌裆部或小腹为准。

四、龙蛇摆尾

【实战举例】

1. 敌滑步进身，左拳击打我面部。我后滑步退身，避敌拳锋芒之际，左掌上提，掌背格敌左腕外侧，并向外化劲。（图2–9）

图2–9

2. 动作不停，我右掌推敌左肘外侧，同时，提起右脚里合踢击敌头部左侧。（图2-10）

3. 我右脚凭借里合惯性向左旋落踏地，上体旋身左转，左脚向后撩踢后摆，猛踢敌后背，彻底将敌击溃。（图2-11）

图2-10

图2-11

【技击要点】

里合腿要顺势连贯，旋落后撩，一气呵成。攻击目标要准。

五、叶里藏花

【实战举例】

1. 敌右脚前移步之际，左横扫腿踢击我头部。我迅疾屈膝左扭身下沉，右手下插，左手护面，避过敌腿锋芒。（图2–12）

图2–12

图2–13

2. 动作不停，我重心移于左腿，右脚提起，以脚跟为力点，蹬击敌后背，将其踢扑而出。（图2–13）

【技击要点】

扭步沉身要适时，避过敌腿即起身反攻。蹬腿力点准确，必须具备冲撞力。

六、蝎子弄尾

【实战举例】

1. 敌右进步，右拳攻我面部。我旋即右转身，上体前俯，两手着地，同时，左脚向后撩踢敌攻来之右手臂，迫使敌仰身躲避。（图2-14）

图2-14

图2-15

2. 动作不停。我左腿伸膝，以脚尖点击敌右前胸或面门，重创之。（图2-15）

【技击要点】

一腿两势，连贯而出，中间没有间隙。撩腿不但是防守，也是攻击，点腿则顺势而出，力点准确。

七、扫踢连环

【实战举例】

1. 敌右进步，右拳击打我面部。我身体右转并向右略倾，同时，左脚向后上反撩，扫踢敌小腹。（图2-16）

图2-16

2. 动作不停，左脚收落，上体右转，右脚蹬地而起，经下向右上划弧扫踢敌头部。（图2–17）

图2–17

图2–18

3. 右脚向外划弧收落，随即，左脚经下向左上划弧扫踢敌胸部，致其重伤。（图2–18）

【技击要点】

扫踢取敌，弧线摆击，力量充足，攻击面广。

第三章

少林秘传戳脚八根（八势）

戳脚，被武林界誉为“北腿之杰”。其注重腿法，擅长腿法；动作舒展，放长击远；硬攻直进，快速勇猛。动作要求：腿脚像手臂，灵活多变，运用自如。技击要求：手领脚出，手到脚到，手防上、脚踢下，手脚并重，上下配合。

戳脚虽千招万法，然皆不离“戳脚八根”，即丁、踹、拐、点、蹶、错、蹬、碾。此八法乃戳脚之基，重要非常。

八根技法歌诀：

丁踢踝骨拐踢膝，蹶脚专向膝下寻。
点打腹肋踹奔膝，错碾专向脚面行。
蹬腿膝下皆可用，脚趾上面起不成。
八腿皆是伤人法，莫遇匪人勿浪行。

一、丁

在技击中，用前脚底踢对手的胫骨或踝关节，由于它起腿不高，注重寸劲，所以也称“寸腿”或“寸踢”。

丁腿用法简单，抬脚即踢，隐蔽性强，收发自如。

【实战举例】

1. 敌滑步上前，用右拳击打我面部。我不退反进，右垫步，左手前挑防御，同时，左脚向敌右腿前胫骨踢击，脚尖上翘，力达脚底。（图3-1）

图3-1

2. 左脚一踢奏效，迅疾落步前趋身，用右丁脚踢击敌左膝部。连环两次丁腿，可将敌双腿踢伤，使其失去战斗力。（图3-2）

图3-2

二、踹

在搏斗中，侧身用脚底从下往前踢出为踹。踹法多以侧踹、后踹为主，以腹部以下为主要攻击点。

【实战举例】

图3-3

1. 敌以前滑步接近我的同时，用右摆拳击打我头部。我在对手刚进身之瞬间，即提起左腿向敌腹踹出，阻截其身向前。（图3-3）

2. 左踹腿收效，迅疾落地，踹出右腿，再度踢击敌腹部，将其重创。（图3–4）

图3–4

三、拐

拐腿是用脚外侧横搓对方下盘，有点类似铲法，由于这个动作做起来像瘸拐样，故称“拐腿”。这一腿法不易掌握，用腿、身、臂的合力，是一种弹性的力量，往往容易与侧踹腿混淆。

图3–5

【实战举例】

1. 敌前滑步接近我的同时，用右掌袭击我面部。我把握准时机，在敌滑步前脚刚靠近我的攻击范围内时，急用左脚掌外缘为力点借弹力向敌右膝关节铲击。（图3–5）

2. 一旦铲中，对方必负痛，而我左脚屈膝略收，随即向下方跺踩敌右踝关节前面，彻底重创其右腿。（图3-6）

图3-6

四、点

在搏击对抗中，用脚尖踢击对方的腿法称为点腿，即类似于弹腿。可左右侧身点、正点，攻击目标可高可低，讲究迅疾。

【实战举例】

图3-7

1. 敌滑步向前接近我的同时，用左直拳向我面部击打。我在敌刚滑近的瞬间，提起右脚向其裆部弹点，阻截其攻势。（图3-7）

2. 右脚一点成功，敌必显迟钝之象，我立即落步，弹出左脚点向敌小腹部，将敌重创。（图3–8）

图3–8

五、蹶

蹶者，乃效仿马蹶蹄的动作，文趟子戳脚主张用脚后跟由下往上蹶起来；武趟子戳脚主张动作放开，整个发出去的腿撩起来往上挑。武术界常言“白马献蹄”的绝招即指此腿。在临阵搏敌中，此腿的效力非常强大，很易致残敌方。

图3–9

【实战举例】

1. 敌滑步进身接近我的同时，左拳击打我面部。我沉身右转体，待敌前脚刚近之际，用右脚以脚跟向后撩踢敌裆部。（图3–9）

2. 在右蹶踢生效，将敌阻截住的瞬间，落右脚，迅疾撩起左脚，直接蹶踢敌裆，将其致残于地。（图3-10）

图3-10

六、错

错腿为地趟之法，在敌方进攻过猛而我无法抵挡，即以倒地避之而发出反击之法，也可主动倒地使腿踢敌。倒地后用一脚勾住对方小腿，另一脚底贴住同一小腿前面，然后由下往上“错”倒敌方。

【实战举例】

图3-11

1. 敌左插步，用右踹腿向我胸部踹击。我在站立无法闪让之际，上体迅速下沉，两手向右侧下落撑地，右臂贴地，右脚擦地前伸用脚尖勾绊住敌支撑脚后跟，左腿屈膝收提于右大腿上侧方。（图3-11）

2. 我左脚以脚跟为力点蹬击敌左膝关节内侧，两脚交错使劲，将敌腿致伤而跌。（图3-12）

图3-12

七、蹬

在搏击中，一般正面由脚底向前踢出为蹬。蹬法较多，有前蹬、侧蹬、后蹬等多种，于实际应用时，可适机而选用。

【实战举例】

1. 敌前滑步进身，用左拳击打我头部。我在对方刚近我攻击范围之际，提左腿勾脚尖以脚跟为力点向敌腹部蹬击，阻截敌进身。（图3-13）

图3-13

2. 紧随着，左脚落步，提起右脚再度蹬击敌腹部，以连续两次蹬击将敌踢出。（图3–14）

图3–14

八、碾

碾脚为近身贴战之腿法，踩住对方脚面不放，然后还要在对方脚面上拧个劲，即为碾脚，可致其骨节挫伤。假如将敌推倒而碾其头面部，致伤尤重。

图3–15

【实战举例】

1. 敌滑步上前，两掌双峰贯耳击我头部。我方速沉身上步，躲过敌拳，用双手抱贴对方腰部，同时，用右脚狠踩敌右脚背。（图3–15）

2. 我右脚牢牢踩住敌右脚背不放，并顺逆时针碾动，使敌痛彻心脾。然后，左掌猛推其腹部，将其推跌而出。（图3-16）

图3-16

附：腿功练法

在了解戳脚八根的技法之后，还有一项最重要的事，那就是功力方面的训练。只知道技法而没有功力做辅助，于临阵搏斗时，就算踢中敌方几腿，恰如踢在石柱上一般，这完全等于白费力气。所以，爱好腿法实战者，应多在功力方面下一番苦功。

具体的训练方法一般分作三种，徒脚、负重和对抗。

（1）丁腿以徒脚为主，辅以负重，在大腿和小腿上绑沙袋进行踢木桩；丁、踹相并。

（2）拐腿和蹶腿须三种方法都练，先徒脚，后负重，然后进行踢桩练。

（3）错、碾、蹬三根都重在负重练习，特别是错腿。

（4）点腿较特殊，负重练习固然是必须的，但更须进行踢准和转脚的练习。

踢准的方法是，在高处悬挂一条细绳，绳下系一小沙袋，每每踢之，渐渐减少沙袋重量，直到仅以一张纸片上挂，若能脚到纸片随之而落，即为功成。

转脚的练习，是踢高和踢低的连续转换练习，其目的是达到出腿快如闪电，发如箭、起如燕、落如山，震脚有山崩地裂之威。

第四章

少林秘传戳脚八绝（八势）

戳脚有八绝腿，即提腿、圈腿、掀腿、插腿、摆腿、点腿、踢腿、蹬腿。

腿之八绝，各有其妙，久练自能知之。

一、提

提腿，即一腿直立，脚趾扣地，脚尖向正前方；另一腿屈膝提起，高与腹平，脚面绷平。

使用时要挺胸提腰，扣膝护裆，以阻挡和避开对方脚下的攻击，或以提腿借机用膝撞击对方。提膝后，可提腿以点、踹、掀等腿法攻击敌方。

【实战举例】

1. 敌出右脚下踹我右腿。我迅速屈膝提腿，避过敌脚攻击。（图4-1）

图4-1

图4-2

2. 随即，我左腿直立，右脚勾脚尖，上身向左稍倾，右脚踹击敌胸。（图4-2）

【练习要点】

踹腿时要掀胯，膝下扣；一踹即收。

二、圈

圈腿，即一腿直立，另一腿绕圈摆动，虚晃或防开对方腿的攻击，继而用腿攻击敌方。

使用时要左腿向前直立，身体左转约90°，右脚脚尖勾起，脚掌里扣向前、向上、向左直腿弧形摆动；当右脚摆至与腰平时，屈膝，右脚向下、向内收扣，脚面绷平并向右后方点击或踹、跺击出，高与胯平。击后立即屈膝收回。

【实战举例】

1. 敌出左脚以平点向我裆部击来。我迅疾收左脚半步，避过敌脚。（图4-3）

图4-3

2. 我在敌脚“旧力略过新力未生”之际，右垫步，左脚后提划弧，用左小腿后侧圈踢敌左小腿后侧，使其腿向我左侧身后抬离。（图4–4）

3. 在敌左腿被圈，身体重心倾向右腿，上体向右倾倒之际，我左腿顺势踹敌右大腿内侧，致其跌扑。（图4–5）

图4–4

图4–5

【练习要点】

圈腿时拧腰收胯并转体；踹腿时送胯、扣膝，力达脚掌，一踹即收，以脆劲制敌。同时，要注意圈腿和踹腿的连贯完整，不能停顿，否则易被敌人攻击。

三、掀

掀腿，即摆腿掀击。一腿直立，另一腿绷直，脚尖里扣，脚掌下扣足内勾，随腰胯用力向一侧上摆，以脚掌外侧向上掀开敌攻我之腿，或掀击敌身体。

【实战举例】

1. 敌右进步，右拳击打我面部。我左脚略收步，右偏身避过敌拳。（图4–6）

图4–6

2. 随即，左脚尖外摆，左转体之际，右腿向前、向上掀起，踢击敌右胸。（图4–7）

3. 动作不停，我落右脚，同时，右手反背拳翻砸敌面部。（图4–8）

图4–7

图4–8

4. 在敌连受打击而未能防守反击时，再乘机长身向上起踢，右腿再次掀击敌下颌及咽喉部，重创敌方。（图4–9）

【练习要点】

第二腿长身而起和掀击要快速、有力、准确。

图4–9

四、插

插腿，即上步或退步插腿于敌方腿内侧或外侧，给敌方前腿造成阻碍，并通过手、脚发力攻击，破坏敌方的身体平衡。

或者，插腿于对方腿内侧或外侧，脚尖里合绊扣或外展勾绊敌方脚跟，膝部前弓压迫对方小腿，使其仰跌。

【实战举例】

1. 敌右进步，右拳击打我面部。我左脚向后撤一大步，左偏身避敌拳的同时，右掌反拍敌右大臂上外侧，将敌拳攻击力化解于身右外侧。（图4–10）

2. 动作不停，我右脚前移，用脚后跟经敌右脚后跟插于其右脚内侧，并向后用力收带，同时，右掌顺敌臂向前击敌下颌，将敌向其右侧方跌出。（图4-11）

图4-10

图4-11

【练习要点】

闪避要适当，上步插腿不可太高。擦地划弧勾绊敌脚跟时，右手可顺敌拳冲劲牵带，乘敌回拉时顺势掌击，下绊上推，以巧劲将敌跌出。

五、摆

摆腿，即一脚站立，另一腿伸直后，向左右前后各方摆划腿击，可分为外摆腿和内摆腿。

外摆即摆莲腿，内摆即里合腿。

【实战举例】

1. 敌右进步，右拳击打我面部。我立即撤身以避之际，起左脚以“左里合腿”向上、向前、向右摆搧击敌右大臂外侧，将敌右拳击落。（图4-12）

图4-12

2. 我左脚顺里合惯性向右脚前侧落步之际，上体右转约360°，起右腿以“右摆莲腿”向右、向后、向上摆击敌后脑部，将敌踢扑而出。（图4–13、图4–14）

【练习要点】

两腿连环摆踢要连贯有力，里合外摆，顺理成章。

图4–13

图4–14

六、点

点腿，即一脚站立，另一脚以脚尖之劲点击。腿击时，脚面绷平，以脚尖弹点对方，着力点主要是大脚趾。

点腿时要求出腿疾速，一点腿即屈膝收回，正是“发时如放箭，收时如火烫”，有“点腿如穿梭”之说。

点腿可分为穿枪脚、仄点腿、穿梭偷点、趴点、弹点、仰点、插点等。

【实战举例】

1. 敌右进步，右拳击打我面部。我不退反进，左腿屈膝一收，仰身送腿，将左脚点向扑上来的敌右胸。（图4–15）

图4–15

2. 随即，我左脚收落，穿出右脚，点击敌左胸。（图4-16）

图4-16

图4-17

3. 动作不停，右脚收落，左脚再度踢出，点击敌裆部。连续三击，重创敌方。（图4-17）

【练习要点】

此招用了仰点、穿点、弹点，三势连贯，迅雷不及掩耳。提腿时缩身含胸，点腿时挺胸、挺腰、挺膝，拧腰送胯，放长击远。

七、踢

踢腿，有寸腿、鸳鸯腿，以及颠踢腿、掏踢腿、撩腿、蹶子脚等。其一腿微屈站立，另一腿以脚尖、脚掌、脚跟发出多种腿劲踢击对方。

【实战举例】

1．我主动进攻。右拳冲击敌面时，一出手就被敌用右手封挡。（图4–18）

图4–18

图4–19

2. 我则以“颠步寸腿”踢击敌左膝。（图4–19）

3. 动作不停，我右脚收落，左脚随即而出，蹬击敌裆部。（图4–20）

【练习要点】

随机而出，快速有力，踢击准确，连贯自然，一气呵成，重创敌方。

图4–20

八、蹬

蹬腿，一腿屈膝提起，向前或向一侧蹬出。其中包括蹬脚、踹腿和踩腿等。

脚尖勾起，着力点放在脚跟者为踹和蹬。

脚尖里合，脚掌下扣，脚掌外侧着力者为踩。

图4–21

【实战举例】

1. 敌右进步，右拳击打我面部。我左手上拦敌右前臂内侧。同时，右脚向前蹬击敌腹部。（图4–21）

2. 随即，我左旋体，右脚向左划弧落地于左脚内侧之际，左脚踹击敌腹部。（图4–22、图4–23）

【练习要点】

第一脚亦称“撞脚”，为迎击之腿，与敌力量相撞，这样的迎击很容易重创敌方。旋身落步是换势之法，为下一次踹腿创造条件。

注：戳脚八根为单一腿法，戳脚八绝指多种腿势。

图4–22

图4–23

第五章

少林临清潭腿秘法（十势）

潭腿，据传源起于宋初之山东龙潭寺，由“昆仑大师”创立，以腿法见长，早年传授时以地名龙潭寺的“潭”字命名，即为“潭腿”。

明朝正德年间，河南嵩山少林寺相济禅师到山东临清龙潭寺寻访，与昆仑大师的后辈传人跃空和尚相见，两位大师将少林罗汉拳与潭腿互换交流。相济禅师回少林寺后，加以改进，形成了独具特色的少林潭腿。

少林潭腿，行走如猫，抬腿似风，落地生根。技击时，上下盘同步出击，令敌防不胜防。下盘发招，讲究“腿不过裆”，动形较小，速度很快，收发自如；上盘进击，注重劈砸，力度强大，招势威猛。

一、弹法

弹法，主要用于攻击对手的裆部、头部。练习有素者，还可以进行腾空飞弹攻击对手。

【实战举例】

1. 敌右进步，右拳击打我面部。我左拳上抬架住敌右前臂，右脚绷直，以脚尖为力点，弹踢敌裆部。（图5-1）

图5-1

图5-2

2. 动作不停，我右脚收落，左脚迅疾弹踢，以脚尖弹敌咽喉。连续两弹，重创敌方。（图5-2）

【技击要点】

出腿快速，要有弹性，目标点要准确，有如箭穿靶心。

二、踩法

踩法，主要是用脚跟部攻击对手的脚背、脚趾以及踝关节等，属于非常规攻击手段，突然使用，可有“突出奇兵”之效。大都在被动的情况下使用；主动使用时，必须把握好时机。

【实战举例】

1. 敌右进步，右拳击打我面部。我沉身下避，躲过敌拳，同时，左脚跺踩敌右脚背。（图5-3）

图5-3

图5-4

2. 动作不停，敌脚背被踩而剧痛之刹那，我右拳冲击敌小腹，重创敌方。（图5-4）

【技击要点】

踩脚虽不足以重创敌方，但可以为连续出击制造战机。一旦踩中敌脚背，必须发劲碾压，第二攻击立马跟上，不然，敌使用缠抱，我就很难速胜。

三、截法

截法杀伤力非常强，有一种把敌撞向刀尖的气势。主要用于攻击对手小腿前胫部、膝部；高截时也可攻击对方腰肋部。

【实战举例】

1. 敌左上步进身，右拳击打我面部。我略向后滑步之际，左臂上架，格挡敌右前臂。（图5–5）

图5–5

2. 接着，右脚快速向前截击敌膝关节。（图5-6）

图5-6

图5-7

3. 动作不停，我右脚收落步，上体右倾，左脚侧踹敌腹部，将其踹出而跌。（图5-7）

【技击要点】

截膝时，在敌上步之际即可实施，以仰身避敌拳即出腿。换势时，要迅捷灵活，不能给敌逃跑机会。

四、蹬法

蹬法属于正面攻击的屈伸性腿法，力量较大。它中高都适用，可用于攻击对手的膝、腹或下颌，也可用于堵截对方的进攻。

【实战举例】

1. 敌右进步，右拳击打我面部。我身体重心移到右腿，同时，左腿屈膝正面提起，脚尖勾起，脚掌向正前方蹬出，迎击敌腹部，堵截敌拳攻击。（图5-8）

图5-8

图5-9

2. 动作不停，我左脚蹬出致敌退出之际，迅疾收落步，右腿屈膝正面提起，以脚跟为力点，向敌下颌蹬击，重创敌方。（图5-9）

【技击要点】

避免出现弹腿及下踏动作，出腿时要保持身体重心，避免身体过分后仰。

蹬出迅疾，力达脚跟。

五、劈法

劈法属于正面由上向下攻击的腿法，力量较大，不易防守。在实战中突然运用，能够达到出奇制胜的效果。

【实战举例】

1. 敌右进步，右摆拳击打我头部。我身体下沉，躲过敌拳。（图5-10）

图5-10

图5-11

2. 动作不停，我迅疾提起右脚，绷直向上踢出，继而向右下劈敌头颈。（图5-11）

【技击要点】

沉身是为起腿蓄势。上踢要高过敌头部，才能为下劈腿制造空间。

下劈迅速，力达脚跟或前脚掌。

六、挂法

挂法是一种屈伸与横摆相结合的腿法。它具有出腿、收腿速度快，灵活性大，隐蔽性强，能连续出击等特点。

【实战举例】

1. 敌左上步进身，右拳击打我面部。我略后滑步，左掌上抬，格架敌右前臂内侧。（图5–12）

图5–12

2. 随即，我右腿屈膝上提，小腿向右后，接着绷直右腿，勾脚向前往左再向下呈弧线勾踢，横向劈挂敌左侧颈部。（图5-13）

图5-13

【技击要点】

挂的动作幅度不宜过大，要借势发力。同时，注意发力时脚背屈紧并内扣，力达脚弓内侧，力点准确，保持身体平衡。

七、撩法

撩法在实战中无论距离远近，都可以出腿踢击对手。同时，踢击点上至腰腹、胸背、头面，下至小腿胫骨、膝关节、裆部等，非常厉害。

【实战举例】

1. 与敌对峙时，敌方上步进身出拳。我右旋身躲避同时，左脚向后撩踢敌右膝关节，力达脚掌。（图5–14）

图5–14

图5–15

2. 动作不停，左脚向右脚内侧收落，上体右转，同时，右脚向后撩踢敌下颌，使其仰跌而出。（图5–15）

【技击要点】

撩踢的部位要见机而行，力达脚掌。

也可借垫步进身，一腿连续撩踢。

八、扫法

扫法，为低位攻击，主要用于进攻对方膝关节以下。当然，也可以攻击中位和上位，甚至可以腾空扫击。

【实战举例】

1. 敌左进步，右拳击打我面部。我身体迅速下沉成左仆步，躲敌攻势同时，右脚快速前扫敌左小腿。（图5–16）

图5–16

图5–17

2. 动作不停，我右扫腿奏效，迅疾收回落于左脚前侧方，身体左转，左腿向后扫出，以脚后跟为力点，扫击敌左腿膝后弯，使敌失去平衡。（图5–17）

【技击要点】

沉身与前扫动作要迅速连贯，一气呵成。

前扫力点在脚背内弓，扫中时要有勾踢之劲。

收脚与后扫要把握好重心的转换，必要时，可以用两手按地支撑。

九、鞭法

鞭法属于侧向弧线攻击腿法，运用范围比较广泛。其特点是速度较快、灵活多变。鞭腿主要用于攻击头、胸、腹、肋、背、腿等部位。

【实战举例】

1. 敌上左步进身，右拳击打我面部。我左脚略收步之际，身微左旋，右腿屈膝提起，脚背绷直，向前横向鞭踢敌左大腿外侧。（图5-18）

图5-18

图5-19

2. 我右腿一踢奏效，迅疾收落，上身右旋，左脚迅疾向前上鞭踢敌右肋。（图5-19）

图5-20

3. 动作不停，不等敌退避，我左脚迅疾收落，右脚蹬地提起，借助拧腰转髋，右脚横向鞭踢敌头颈左侧。（图5-20）

【技击要点】

每出一腿，都应借助转腰、蹬地的力量来加大腿法的速度和力量。髋关节向前送，脚的击打类似鞭梢。

十、踹法

踹法是将腿从身体侧面踢出，用脚跟攻击对方。踹腿力量大，一般用于主动抢攻或阻止对方进攻。

【实战举例】

1. 敌右进步，右拳击打我面部。我右旋身，左脚向左脚前收步，沉身避过敌拳攻势。（图5-21）

图5-21

图5-22

2. 随即，左腿屈膝上提，迅速踹出，攻击敌心口部位。（图5-22）

3. 动作不停，左脚收落步，上体左转，同时，右腿对准敌正面猛力向前沿直线踹出，踹击敌方咽喉。（图5–23）

图5–23

【技击要点】

提膝与踹腿动作要协调一致，发力的同时拧腰展髋，避免出现低头及弯腰的现象。

第六章

少林金刚绝杀连环腿（二十四势）

少林金刚绝杀连环腿，来自少林嫡宗金刚门，据说由“少林铁腿王”僧稠所传。

跋陀弟子僧稠，独创“少林金刚铁腿功”，成为少林寺第一武僧。

此连环腿法，共有二十四势，势势勇猛，招招刚劲，腿腿绝杀，乃自卫防身不可多得之绝技。

一、白蛇吐信

【实战举例】

1. 敌右进步，右拳击打我面部。我略后挪身，左掌由外向内拍格敌右腕，同时，右掌前穿，戳击敌咽喉，并起右腿点踢敌裆部。（图6–1）

2. 连踢不停，我迅疾落步，提起右腿侧踹敌小腹部。（图6–2）

图6–1

图6–2

3. 敌受创退身。我紧跟而上，左脚落步，飞出右脚蹬击敌右肋部，彻底击溃敌方。（图6-3）

图6-3

【技击要点】

阻截敌拳与穿掌、点弹腿几乎同时进行，这样使敌防上而失之于下。

第一势用得好时，后续两腿顺势一发即可把敌摧毁。

二、蜻蜓点水

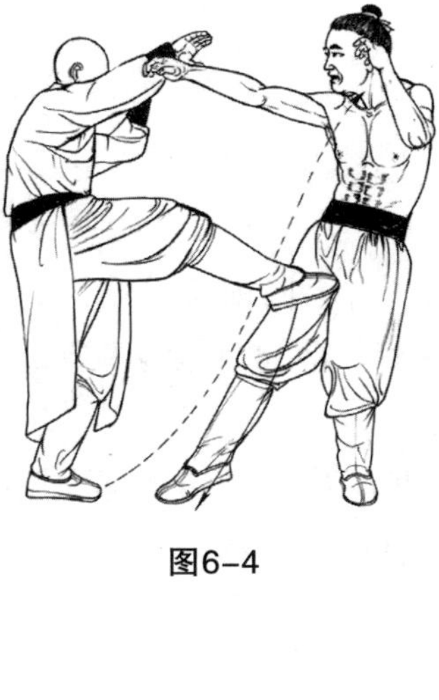

图6-4

【实战举例】

1. 敌右进步，右拳击打我面部。我右臂上拦于面部前方，用右腕外侧拦格敌右腕外侧，阻截敌拳攻击，同时，右脚弹踢敌裆部。（图6-4）

2．敌裆部受击退身。我右脚迅疾踏落，左腿提膝向前伸弹而出，用脚尖点击敌咽喉，将其踢翻跌出。（图6-5）

图6-5

【技击要点】

蜻蜓点水，重在一点即收，发力具有穿透性，弹点部位要准。

第一点裆腿即使踢不准下阴，也会踢伤敌之曲骨穴。

第二腿的弹点随机而发，点心窝、点肋部均可。

三、旋风卷尘

【实战举例】

1. 我左脚向前移步，接近敌瞬间，右手向前虚晃之际，提起右腿从左向上外摆，踢击敌头部右侧。敌向后挪身，提起双臂护住其头部。（图6-6）

2. 我右腿去势不停，继续向右侧摆落踏地，随即起左腿里合掮击敌头部，迫使敌左旋身，低头佝腰。（图6-7）

图6–6

图6–7

图6–8

3．动作不停，我左腿在惯性作用下继续向右旋落，左脚一踏地，身体迅速右转，又使右外摆腿摆踢敌后脑，以连续攻击使敌躲避不及而重创跌扑。（图6–8）

【技击要点】

三腿连环出击，不给敌喘息之机。在惯性作用下将三腿旋风般完成，力量爆发，身体重心要稳。

四、脱身换影

【实战举例】

1. 敌上进左步，左掌推击我胸部。我迅疾将右脚外移一小步，左脚向敌左脚外侧进步，同时，左肘格拦敌之左大臂外侧，将其左掌攻击化开，右掌插敌左腰间。（图6–9）

图6–9

图6–10

2. 动作不停，我不管右掌插击是否生效，迅疾左转身，提起右膝横撞敌后腰。（图6–10）

图6-11

3. 敌腰部受击前扑之际，我右腿伸膝用脚跟蹬击敌后腰，将敌彻底重创。（图6-11）

【技击要点】

侧闪身避敌攻击要恰到好处，为转身到敌后制造良好战机。
横膝撞打要有爆发劲，用好一下就可撞折敌腰椎。
后续之腿更是令敌胆寒。

五、鸳鸯连环

【实战举例】

1. 我右垫步接近敌之际，左脚提起撩击敌裆部。敌撤退右脚一步，吸腹藏裆避过。（图6-12）

图6-12

2. 动作不停，我迅疾将左脚收落步，上体右转，右腿顺势向后横扫敌头部右侧。敌撤退左脚一步，左旋体俯身避躲，卸去我腿击之力。（图6-13）

图6-13

图6-14

3. 我迅疾向右旋落右脚，左腿向前横扫敌后脑，将敌踢扑而出。（图6-14）

【技击要点】

进身撩裆腿要突然，给敌一种惊怵感，使其措手不及。后扫腿、前横扫连击不停，将敌彻底摧毁。

六、烈马献蹄

【实战举例】

1. 敌右进步，左拳击打我面部。我略退步沉身，左拳上勾，格敌左腕外侧，阻截敌拳攻击。（图6-15）

图6-15

图6-16

2. 随即右垫步，左腿反踢敌裆部。（图6-16）

图6-17

3. 动作不停，我左脚落步，以左脚掌为轴向右转约180°，右脚向后上方后摆踢，用脚掌底摆击敌后脑。（图6-17）

【技击要点】

撩踢突然，转身后摆腿迅疾，以迅雷不及掩耳之势，将敌踢扑而出。

七、马踏金鼎

【实战举例】

1. 敌上进左步，左拳击打我面部。我收左脚半步，略仰身躲避的同时，右脚里合上踢敌攻来的左大臂外侧，将其攻势化解。（图6-18）

图6-18

图6-19

2．动作不停，我右脚下落，脚掌内扣，用脚底踩击敌左膝关节外侧，致敌膝关节受损而跪地。（图6-19）

3．随即，我右脚顺势上提，蹬击敌左腰间，彻底重创敌方。（图6-20）

图6-20

【技击要点】

右脚里合幅度不宜过大，主要是内摆踢开敌进攻手臂。顺势踩踏敌膝，快捷且有沉劲，准确有力。

八、金鸡跳墙

【实战举例】

1. 我左脚进步，提起右脚向前正蹬敌胸部。敌后滑步吞身避过。（图6-21）

图6-21

2. 我身体继续左转，右脚左摆、收腿、下落，背对敌方。（图6-22）

图6-22

3. 动作不停，我右脚落地之际，左转体，左腿提起向敌小腹蹬踹，将敌踹跌而出。（图6-23）

图6-23

【技击要点】

进步蹬腿要快速，力量迅猛，顺势旋体转身蹬踹击敌，招势连贯，一气呵成。

九、蛟龙卷尾

图6-24

【实战举例】

1. 我左脚前移步，探身用右拳虚晃，引诱敌退步仰身防守之际，迅疾提起右脚勾踢敌左脚跟。敌提膝避过。（图6-24）

2. 动作不停，我右腿屈膝收提之际，迅疾伸腿，踹击敌右膝内侧。（图6–25）

3. 我迅疾收落步，左转身，左腿撩踢敌后背，将其踢扑而出。（图6–26）

图6–25

图6–26

【技击要点】

勾踢在距离较近的情况下使用。勾踢是一种突袭性的进攻，一定要做到快、准、狠。

如果踢空，要迅速收膝以免失衡，并与侧踹紧密衔接，达到连击伤敌之效果。

十、灵蛇弄风

【实战举例】

1. 敌右进步，右拳击打我面部。我迅疾后滑步，右转体，左腿屈膝内扣，沉身避过敌拳攻击。（图6–27）

图6–27

2. 动作不停，我身体继续右转之际，右腿向后撩踢敌右肋部。敌退右步，仰身避过。（图6-28）

3. 我右脚顺势向右旋身落步，右拧腰转体之际，左腿屈膝提起，向前横扫敌头部。（图6-29）

图6-28

图6-29

【技击要点】

此招要在敌处于原地防守或向后移动不大的情况下使用。要求动作快速连贯，一气呵成。

尤其是倒勾腿后的落地转身要快速协调，以便横扫腿能借力发挥出更大的威力。

十一、独龙朝阳

【实战举例】

1. 敌右进步，右拳击打我面部。我迅疾右偏身，收提左脚躲避敌拳之际，迅疾踩踩敌右脚背。（图6–30）

图6–30

2. 敌右脚背被踩，顾及疼痛之际，我左腿收提向上踹击敌胸。（图6–31）

图6–31

图6–32

3. 动作不停，我左脚迅疾收落步，随即右垫步，再度将左腿提膝，伸腿踹击敌咽喉，彻底重创敌方。（图6–32）

【技击要点】

此法为单腿连击的腿法之一。我跺踏要用寸劲，敌脚受击疼痛或骨折，可立即丧失抵抗力。

乘胜追击，接下来的两度踹腿可轻松致敌重创。

十二、回马投唐

【实战举例】

1. 我左脚进步，随之右垫步，提起左腿里合横扫敌头部。敌左闪步左倾身躲避。（图6–33）

图6–33

2. 我顺势向右收提左腿之际，屈膝后撩，反踢敌裆部。（图6-34）

【技击要点】

横扫腿一旦落空，必须要做好回旋反撩腿的准备。这种腿法连贯性强，可顺势连踢。

如果身体重心不稳，可落步点地而借力反撩。

图6-34

十三、袖箭穿心

【实战举例】

1. 敌右进步，右拳向我胸部打来。我略收左步，左手向

前按压敌右前臂，同时，右掌扑按其面部，右脚弹踢敌裆部。（图6–35）

2. 敌向后闪开。我则右脚向右后落地，身体向右前方略倾，左脚蹬踹敌右胸部。（图6–36）

图6–35

图6–36

3．动作不停，左脚收落，右脚以袖箭腿蹬击敌胃脘部。（图6–37）

图6–37

图6–38

4．我之蹬腿发出击其身躯后，立刻向左拧腰转体，带动右腿旋转，以脚后跟再旋击敌心窝。（图6–38）

【技击要点】

此势其实就是两腿连环之法。

撩裆腿多为虚招，踹击胃脘加蹬击为重点。

两腿出击动作迅捷，变换自然灵活，击点准确，一气呵成。

十四、钩镰绊马

【实战举例】

1. 我左手向前上虚晃之际，右垫步，左脚掌铲踹敌右小腿前胫。（图6-39）

图6-39

图6-40

2. 敌腿受击，本能收腿前倾。我趁机落步于敌右腿后侧方，左手反背拳砸击敌面部。（图6-40）

3. 敌仰身避过我左拳锋芒。我迅疾将左脚内勾，抄踢敌右脚后跟或小腿后侧，将敌踢拉跌地。（图6-41）

【技击要点】

垫步踩脚要快速，一旦踏上，敌腿必受重创。
后续的拳砸、勾踢两势则顺理成章。

图6-41

十五、乌风扫地

【实战举例】

1. 我左脚进步，前手虚晃之际，右脚乘机向前勾踢敌左脚后跟。敌提膝避过。（图6-42）

2. 动作不停，我迅疾将右脚内收落地踏实，左旋身，两手按地之际，左腿伸膝向后擦地扫击敌右脚后跟，将其扫跌。（图6-43）

图6-42

图6-43

【技击要点】

扫腿时，要抓住敌方缺失防守的空隙才能有效。

第一次发出勾踢，敌一般容易化解，所以，第二次的落地后扫为取胜关键。动作要迅速，力量要迅猛，防不胜防。

十六、横断云山

【实战举例】

1. 我右垫步进身，提起右腿踹击敌方面部。敌撤退右脚一步，沉身右移避过。（图6–44）

图6–44

2. 动作不停，我迅疾收落左脚，顺势左转身，提起右腿出击敌左腰间，将其踹伤翻扑。（图6–45）

图6–45

【技击要点】

两腿连环出击，快速迅猛，一气呵成，以迅雷不及掩耳之势，给敌以重创。

十七、蝎子卷尾

【实战举例】

1. 我右垫步进身，提起左脚横扫敌头部。敌左闪步俯身避躲。（图6–46）

图6–46

图6–47

2. 我左脚顺势下劈，落步于敌右脚内侧。（图6–47）

3. 动作不停，我左脚后跟勾住敌右踝关节内侧，猛劲向后撩踢而起，将敌右腿向上掀起。（图6–48）

4. 不等敌变，我左脚迅速内收，向前弹踢敌右腹角，彻底重创之。（图6–49）

【技击要点】

横扫腿出击时，敌一旦躲避，我必须迅速将腿劈下。

后勾踢为连环腿击，见机顺势而为。

图6–48

图6–49

十八、霸王送客

【实战举例】

1. 敌左垫步进身，右脚踹击我胸部。我后滑步避过敌脚锋芒之际，左臂上抄兜抱住敌右小腿，右手按扣敌右脚掌外侧，同时，沉身下坐成马步，将敌脚拉近左胸前。（图6-50）

图6-50

图6-51

2. 动作不停，我两掌抱住敌右脚掌及踝关节交错旋拧，将敌腿扭转，使敌上体左转扑地。（图6-51）

图6-52

3. 我双手抓住敌右脚不放，右脚垫步，左脚向前挑击敌裆部。（图6-52）

【技击要点】

接敌腿要准而牢固，一接住就下拉旋拧，属于擒拿技巧。

敌翻身扑跌之际，迅疾挑脚踢裆，动作连贯，力点准确。

十九、金豹夺食

【实战举例】

1. 敌右进步，右拳击打我面部。我迅疾向后滑退半步，沉身坐成马步，同时，左掌旋裹敌左腕外侧，阻截敌拳攻击。（图6-53）

图6-53

2. 接着，我左掌贴住敌右臂向内下旋压，同时，右垫步，左脚屈腿提起，撩踢敌裆。（图6–54）

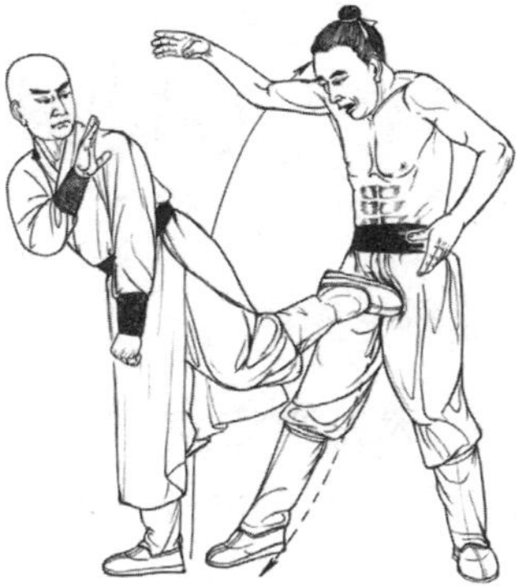

图6–54

图6–55

3. 动作不停，我左脚落地，以左脚掌为轴向右转约180°，右脚向后上方摆扫敌后脑，将敌击扑而出。（图6–55）

【技击要点】

撩踢突然，转身后摆腿迅疾，力达脚掌，以迅雷不及掩耳之势，重创敌后脑。

二十、狸猫上树

【实战举例】

1. 我左脚进步，右脚弹踢敌裆部。敌方后滑步，吞腹藏裆，避过我右脚弹踢。（图6-56）

图6-56

图6-57

2. 动作不停，我右脚迅疾向前踏落，左腿顺势向前蹬敌腹部。（图6-57）

3. 接着，左脚收落之际，右脚以脚跟为力点，向前蹬踩敌右膝下前胫面，重创敌腿。（图6–58）

图6–58

【技击要点】

三腿连环，迅疾而突然。

前两腿是为最后的踩膝脚制造战机，力点准确，具有穿透性。

二十一、白猿蹬山

【实战举例】

1. 我左脚进步，右脚蹬踩敌裆部。敌迅疾向后撤退一大步，左弓步俯身，两拳向下砸我右小腿前胫。（图6–59）

图6–59

2. 动作不停，我右腿向前下一蹬，左脚蹬地跳起，屈膝向前撞击敌下颌部，重创敌方。（图6–60）

图6–60

【技击要点】

第一脚蹬击为虚势，腾空飞膝才是重点。

蹬地起跳要有爆发力，飞膝攻击点要准确。

二十二、雄鹰追风

【实战举例】

1. 我左进步，右脚飞踢敌咽喉。敌后滑步，右偏身之际，左臂屈肘，向外拦格我右脚内侧，化解我腿击。（图6–61）

图6–61

2. 动作不停，我右腿屈膝回收，乘势左脚蹬地跳起，身体腾空，左腿伸膝蹬击敌面部，将敌重创跌出。（图6-62）

图6-62

【技击要点】

腾空蹬击，要求第一腿踢出力量迅猛，有将身体带动上升的力量，为第二腿腾空踹蹬增强动力。

图6-63

二十三、气贯长虹

【实战举例】

1. 敌左脚前移步，右腿横扫踢击我头部。我迅疾将左脚向后撤退一步，屈膝下沉深蹲，避过敌腿扫踢。（图6-63）

2. 动作不停，我借身体下沉之劲，猛然左腿蹬地向上跳起，带动右脚离地之瞬间，右脚脚面绷平，挺膝直腿，向前弹踢敌咽喉。（图6–64）

图6–64

【技击要点】

腾空要借下沉身之势，动作及时、迅速，边腾起边弹踢。

挺胸、收腹、夹裆、挺膝、直腿，力达脚尖。

图6–65

二十四、乌龙摆尾

【实战举例】

1. 我主动进攻，左脚踏地向上起跳，身体向上腾空跃起，向左拧转；随即，左腿屈膝略收，同时，起右脚向前、向左里合摆踢敌头部。敌退身仰面避过。（图6–65）

2. 动作不停，我身体继续左转，右脚摆划后屈腿收控，上体下倾，左脚脚尖勾紧，以脚跟向后蹬击敌下颌。（图6–66）

图6–66

【技击要点】

腾空里合，既可攻敌，又可旋带转体蓄势待发，再乘势后蹬发力。

第七章

少林达摩追魂连环腿（二十四势）

达摩派乃少林古传名门，少林很多流派大都由此演变而来。

少林达摩腿法，以古朴实用、攻击犀利、灵活多变而著称武林。

达摩连环腿，共二十四势，势势精湛，招招连环，腿腿追魂，乃临敌防身之秘传绝技。

一、高点两脚

【实战举例】

1. 敌左垫步进身，右脚向我腹部蹬踢。我撤退左脚一步，同时，左旋体，右腿屈膝向左顶格敌右膝内侧，拦开敌脚攻击。（图7-1）

图7-1

图7-2

2. 接着，右腿顺势伸膝，向前上以脚尖为力点，点击敌咽喉。（图7-2）

3. 动作不停，右脚收落步，随即将左脚提起，绷紧脚背，以脚尖为力点，点击敌咽喉，以两次点腿击喉重创敌方。（图7–3）

图7–3

【技击要点】

点腿时立腰，身体稍向侧倾，以稳定平衡。

点腿力点要准确，目标以敌胸前中线几处要害为准。发力具有弹性渗透劲。

二、迎面两点

【实战举例】

1. 敌滑步上前，右拳向我头面部砸击。我略退右步，右臂屈肘上架敌右前臂，同时，左脚提膝向前弹出，踢击敌裆部。（图7–4）

图7–4

2. 动作不停，左脚收落步，左臂屈肘上架，化开敌右臂，同时，右脚弹踢敌裆部，以两次连踢重创敌方。（图7–5）

【技击要点】

架臂要有上托外划之劲。
弹踢动作迅速，力达脚尖。

图7–5

三、裙里踢腿

【实战举例】

1. 敌左垫步进身，右弹腿踢击我腹部。我迅疾撤退左脚一步，体略左转，右腿屈膝提起，同时，用两前臂格敌右小腿内侧，将其攻击化解。（图7–6）

图7–6

2. 动作不停，右腿迅疾伸膝，用脚掌外缘铲击敌左膝内侧，挫伤敌左腿。（图7–7）

图7–7

图7–8

3. 接着，右脚向前落步，屈膝蹲成马步，同时，右拳击打敌胸部，将敌击跌而出。（图7–8）

【技击要点】

收步、双臂下格要连贯一气，与提膝铲腿顺势而为。

力量爆发，击点准确，腿法弹劲，力达脚掌外侧。

补上一拳，顺势连击。

四、前截连蹬

【实战举例】

1. 敌滑步进身，右拳击打我腹部。我迅疾撤退左脚一步，右脚收于左脚内侧成右丁步，同时，右拳背下砸敌右前臂上侧，阻截敌拳攻击。（图7–9）

图7–9

图7–10

2. 动作不停，右腿迅疾向前方挺膝蹬出，以脚跟为力点，蹬击敌裆部，同时，右拳上提屈臂，左拳前击敌胸。（图7–10）

3. 接着，右脚向前落步，左腿提膝而起，右拳下击敌腹部。（图7–11）

图7–11

图7–12

4. 敌被击退身。我左腿猛然上提，右脚蹬地腾空而起，跃起腾空后，右腿迅速由屈向正前方挺膝蹬出，脚尖勾起，脚跟蹬踢敌下颌。（图7–12）

【技击要点】

右拳下截，力点准确。

蹬腿顺势而出，力达脚跟。

腾空要有一定的高度，为追击之法，目标以敌头面部为准。

五、空中飞弹

【实战举例】

1. 敌左垫步进身，突起右腿向我左小腿后侧勾踢。我重心移于右腿，迅疾将左腿屈膝提起，避过敌勾踢。（图7-13）

图7-13

图7-14

2. 动作不停，我在左腿提膝的惯性作用下，顺势将右脚蹬地腾空跃起，以脚尖为力点，弹踢敌咽喉及下颌部。（图7-14）

【技击要点】

身体腾空的瞬间，右脚前弹，力达脚尖，动作连贯，快速有力。

六、八卦连腿

【实战举例】

1. 我左脚前移步接近敌之际，突出右脚，勾踢敌左小腿或脚跟部。敌迅速后撤右脚，左腿屈膝提起，避过我右勾踢。（图7–15）

图7–15

图7–16

2. 动作不停，我右脚略内收之际，顺势向敌右膝弯内侧踹击，重创敌腿。（图7–16）

【技击要点】

踹腿时，左腿微屈膝，同时，右脚尖勾起，力达脚跟。

七、上攒蹬踹

【实战举例】

1. 我左步前移，右高点腿攻击敌面部。敌后滑步，两掌相交托架我右脚踝关节，化解我点腿。（图7–17）

图7–17

2. 我右腿猛然向下受压，屈腿收回，脱离敌的托架双手。（图7–18）

图7–18

3. 动作不停，我右腿下收中途，突然变向，上体略左倾，伸腿踹蹬敌胸口，将敌重创。（图7-19）

图7-19

【技击要点】

高点腿应虚虚实实。如果自身力道不足，出腿遇敌来截，则迅疾收腿变向，继而发出蹬踹。

蹬踹时，脚跟用力，身体侧倾以助腿力，也利于身体平衡。

图7-20

八、鸳鸯连腿

【实战举例】

1. 敌左垫步进身，右扫腿攻击我头部。我左脚收步，上体右旋，两腿微屈膝，沉身避过敌腿攻击。（图7-20）

2. 动作不停，我右脚垫步，左腿向后撩出，用脚前掌部踢击敌胃脘部位。（图7–21）

图7–21

图7–22

3. 敌中腿仰身后退之际，我迅疾收落左步，右转身，右腿向后撩踢敌心口，将其重创。（图7–22）

【技击要点】

向后撩踢时要扣胯，方向要正，脚面绷平，力达脚掌，挺胸塌腰。

九、转环拦铲

【实战举例】

1. 敌左垫步进身，右脚弹踢我裆部。我迅疾将右脚向后挪步，屈膝半蹲，收提左腿于右小腿内侧，同时，左手向下、向左外勾拦敌右脚跟后侧，将其腿化开。（图7-23）

图7-23

图7-24

2. 动作不停，我左脚向敌左膝关节铲击，致其骨折跌地。（图7-24）

【技击要点】

收脚避敌踢击为铲腿蓄势。

一旦避开敌腿，则铲腿迅疾发出，力达脚掌外缘，目标准确。

十、寸腿劈砸

【实战举例】

1. 我滑步进身，左掌向前劈击敌面部。敌右脚向后撤退一大步，双掌交叉遮面，防堵我左掌攻击。（图7–25）

图7–25

2. 动作不停，我左脚前移步，右拳从后经上向前劈砸敌头面部，同时，右脚寸踢敌左膝盖，上下齐攻将敌击败。（图7–26）

图7–26

【技击要点】

踢寸腿时脚跟擦地，脚尖勾起，前脚掌用力，左腿支撑要稳。

十一、十字飞蹬

【实战举例】

1. 敌左盖步进身之际，右横踢腿扫击我头部。我左脚迅疾收于右脚内侧，并步屈膝半蹲，同时，右拳向左上裹抡，格击敌右脚内踝关节。（图7-27）

图7-27

2. 动作不停，我借蹲身之势，迅速用力蹬地向上跳起。在空中，右腿在前，左腿在后，屈膝提起；至空中最高点，两腿迅速向前后分蹬，右脚跟蹬踢敌下颌，重创敌方。（图7-28）

图7-28

【技击要点】

起跳要高，两腿与两臂要成十字，蹬腿时脚跟用力。

图7-29

十二、提落弹腿

【实战举例】

1. 敌滑步进身，右摆拳击打我头部。我迅疾向后滑步，避敌拳锋芒之际，右掌上起内裹，用掌棱格击敌右前臂内侧。（图7-29）

2. 动作不停，我右脚提起，向上、向左里合踢击敌头部左侧。敌沉身下坐避过。（图7–30）

图7–30

图7–31

3. 我迅速将右脚收落，随即点地前弹，用脚尖弹踢敌裆部。（图7–31）

【技击要点】

里合腿要迅猛。敌一旦避过，我顺里合之势速落再弹。点地弹踢要迅速，力达脚尖，目标准确，一踢即中。

十三、左代步腿

【实战举例】

1. 我右上步进身，右拳击打敌面部。敌后滑步避我拳锋芒之际，右掌向前推，用右前臂外侧格我右腕外侧，阻截我右拳攻击。（图7-32）

图7-32

2. 我迅速伸掌外旋，贴住敌方右前臂叼抓住敌右腕，同时，右脚收于左脚跟后侧，左肘压住敌右前臂，协助右手拽拉敌右臂于腹前，沉身下坐成左丁步，致敌前扑。（图7-33）

3. 动作不停，我左脚用脚掌外缘铲击敌右肋部，双手用力拉敌右臂，双向错劲，重创敌方。（图7-34）

图7-33

图7-34

【技击要点】

叼抓敌腕要迅速，收拉双手配合用力，一拉一发，铲脚力达脚掌外缘。

十四、盘肠击腿

【实战举例】

1. 敌右脚前移步，左脚蹬踢我胸部。我迅疾向后滑步，两掌相并，从右向左斜砍敌左脚踝关节外侧，将其攻击腿拨开。（图7-35）

图7-35

图7-36

2. 动作不停，我左脚前移步，迅速起右腿，用脚尖踢击敌左肋角。（图7-36）

【技击要点】

上下肢动作要协调一致，踢右脚时力达脚尖。

十五、赶山蹬腿

【实战举例】

1. 我右垫步进身，左脚向后反撩而出，脚跟踢击敌裆部。敌后滑步，凹腹藏裆，躲避过我左脚撩击。（图7–37）

图7–37

图7–38

2. 动作不停，我上体左转，左脚向前踏落步，右脚向前踢出，以脚跟为力点，蹬踢敌左膝关节，致其骨折。（图7–38）

【技击要点】

垫步要快，撩踢迅猛，追击迅速，落地要稳。

寸踢部位准确，力达脚跟。

十六、飞云踩子

【实战举例】

1. 我双手虚晃，先佯攻诱敌，随即乘机跳起，右飞膝撞击敌面部。敌后滑步退身，用双掌堵截我右膝。（图7–39）

图7–39

图7–40

2. 我身体腾空，不可稍停，左膝猛然上收，用脚掌向前踩踢敌面部。（图7–40）

【技击要点】

飞膝动作快速，腾空要高，踩腿与飞膝自然顺势。

十七、拦门蹬铲

【实战举例】

1. 敌左垫步进身，右脚寸踢我左小腿前胫。我迅疾收退左脚一步，提起右脚向前寸踢，迎击敌右脚踝关节内侧，阻截敌脚攻击。（图7–41）

图7–41

图7–42

2. 敌顺势落步，右拳向前横击我头部左侧。我迅疾收右脚，后垫步退身，左掌上提，格挡敌右前臂内侧。（图7–42）

3. 动作不停，我上体略右旋，左脚向前踹铲敌右膝关节，致其骨折。（图7-43）

图7-43

【技击要点】

拦截腿要脚跟着力，踢击敌踝关节要准。

落步后垫步要迅速，换位灵活。

铲腿力点爆发，并要有蹬踩抖发之劲。

十八、前后扫踢

【实战举例】

1. 我右盖步进身之际，左腿擦地前扫敌右脚后跟。敌左脚撤步，右腿提膝避过。（图7-44）

图7-44

2. 动作不停，我双手向左小腿内侧地面下按，右腿伸膝向前擦地扫出，扫击敌左脚跟。敌右脚向后落步，左腿提膝避过。（图7–45）

图7–45

图7–46

3. 我两度前扫失效，迅疾重心移于右腿屈膝全蹲，左腿伸膝擦地后扫敌右脚后跟部，使敌闪避不及，跌翻而出。（图7–46）

【技击要点】

前扫踢腿和后扫踢腿要连贯。

扫腿时动作要迅速，前扫后扫一气呵成，使敌措手不及。

十九、绞剪脚势

【实战举例】

图7-47

1. 敌滑步进身，右冲拳击打我面部。我迅疾左盖步，上身向右侧倒，两掌撑按地，同时，右腿向前贴地伸出，拦于敌右小腿外后侧，脚尖内勾。（图7-47）

图7-48

2. 动作不停，我左转身，臀部坐地，左手撑地于左臀部后侧，左腿伸膝，向上反拦敌右胯根，两腿用力绞剪，致敌腿伤后倒。（图7-48）

【技击要点】

剪腿要扣胯，迅速有力。

二十、花山蹬腿

【实战举例】

1. 敌滑步进身，右冲拳击打我面部。我迅疾撤退左脚一步，左转身伏地，两手按于左膝前地面，避过敌拳攻击。（图7–49）

图7–49

图7–50

2. 随即，我两手按地伸臂，臀部上提之际，右腿以脚前掌为力点向上蹬敌胸部。（图7–50）

图7-51

3．动作不停，我右脚略收，左脚蹬地收膝，双掌用力推地，下盘悬空，左脚向后蹬出，以脚跟为力点，蹬敌心口。（图7-51）

【技击要点】

俯卧是蓄势，后蹬是发力。两腿向上蹬出时要快速有力，动作连贯，同时两掌支撑要稳。

二十一、地盘蹬腿

【实战举例】

1．敌前滑步进身，右拳击打我面部。我迅疾右倒身，臀部坐于地面，两掌撑按于身体右侧地面，同时，右腿前伸于敌右脚后，左腿屈膝向上收提，避过敌拳攻击。（图7-52）

图7-52

2. 动作不停，我左腿一收之际，迅疾向前蹬出，以脚跟为力点，蹬击对方右膝关节，左脚勾住敌右脚后跟收拉，交错发力，折伤敌右腿。（图7–53）

图7–53

【技击要点】

侧倒动作要迅速及时，倒地与收腿蹬击要自然连贯。蹬膝力点准确，发力脆猛。

二十二、平地翻车

【实战举例】

1. 敌滑步进身，右拳击打我面部。我迅疾沉身，臀部坐于地面，两手按于臀部后侧地面，同时，收左脚，迎着敌

进身之势，蹬击敌裆。（图7–54）

2. 动作不停，我右翻转身，左手按于右腰侧地面，同时，左脚略一收膝，迅疾再度踹蹬敌裆部，重创敌方。（图7–55）

图7–54

图7–55

【技击要点】

坐地灵活顺畅，蹬腿顺势，力点在脚跟。

第二腿时，翻转要迅速，发力迅猛，放长击远。

二十三、窜步双踢

【实战举例】

1. 敌前滑步进身，右拳横击我头部。我迅疾收左步与右脚并步之际，屈腿下蹲，同时，两掌按于两脚尖前地面，两脚向后跳出成俯身。（图7–56）

图7–56

图7–57

2. 动作不停，我迅速屈身收腿，仰身用双腿蹬击敌右膝关节，致其膝骨伤折。（图7–57）

【技击要点】

俯身与仰身的变换要灵活顺畅，两腿要并紧，前蹬时上体须后仰。

二十四、鲤鱼叠脊

【实战举例】

1. 我双手向敌前上先行佯攻，见机迅疾前按地前滚翻接近敌方。（图7–58）

图7–58

2. 同时，两腿伸膝向前方弧形向下扫踢敌胸腹部。（图7–59）

图7–59

3. 动作不停，我顺势迅疾向下收腿挺身立起，屈膝半蹲成马步，同时，双掌向前推出，抖劲猛震敌胸部，将其发放而出。（图7–60）

图7–60

【技击要点】

扫踢时挺腹、展胯、顶腰。

扫踢要迅速。整势动作连贯，一气呵成。

第八章

少林韦陀迷魂连环腿（二十一势）

韦陀门乃为少林古传名门。此派不但讲究功夫，其“韦陀十二劲”一直被称为“内功真经”，勇冠武林；而且注重技击，招法严谨，拳脚并用，惯用腿击。

迷魂连环腿，共二十一势，有直有横，时左时右；忽高忽低，声东击西；真真假假，虚虚实实；令敌无从捉摸，防不胜防。

古传韦陀腿法有“迷魂十三诀”，即：点、蹬、割、擦、弹、绊、挑、勾、扫、剪、跺、撞、挟。

点者，蹴也，以脚掌前部向前蹴敌中下盘之法。

蹬者，撑也，以足跟前蹬后撑敌中上盘之法。

割者，削也，以脚掌外缘横割敌下盘，及上削敌咽喉部之法。

擦者，铲也，以脚掌外缘直下铲敌下盘小腿上下五寸之法。

弹者，崩也，以足跟反弹敌下阴肘腕等部之法。

绊者，别也，以小腿别敌下盘使跌之法。

挑者，撩也，以足面向上挑击敌下阴或手肘等部之法。

勾者，带也，以足胫勾敌下盘使之跌之法。

扫者，拨也，以足胫扫敌下盘使跌之法。

剪者，迎也，以两腿之迎面骨及腿肚子，剪敌中下盘之法。

跺者，踏也，以足心向下踏敌之法。

撞者，碰也，以胯或膝向上或向前撞敌中下盘之法。

挟者，迫也，以两膝闪侧，迎合两足勾劲挟敌腰胸之法。

一、蹬膝法

【实战举例】

1．敌进右步，右拳击打我面部。我略后移步，左偏身之际，右掌上起，格挡于敌右腕外侧，阻截敌拳攻击。（图8-1）

图8-1

图8-2

2．动作不停，我右掌迅疾旋腕扣指，抓住敌右前臂，左掌向前上托住敌右大臂向侧，同时，右脚提起向前蹬击敌右膝盖。（图8-2）

【技击要点】

此法乃趁敌一拳击来时，巧蹬其膝，折之或挫之。

敌在此一拉一蹬之间，必魄散神昏，其右膝即使不折，亦必影响其攻势，是时乘隙反攻，无有不克。

二、挑裆法

【实战举例】

1. 我左进步，左拳冲击敌面部。敌退身，右拳上挑格挡我左前臂，阻截我左拳攻击。（图8-3）

图8-3

图8-4

2. 随即，我左拳屈腕内压，贴住敌右前臂向我右腰间压带之际，右脚迅疾向前挑出，以脚背为力点，用弹劲挑击敌裆部。（图8-4）

【技击要点】

此法乃突发奇招。不中则已，一脚挑中，则敌睾丸破裂，势必扑地大号，瘫卧当场。

三、扫跟法

【实战举例】

1. 敌右进步，右拳击打我面部。我左脚向后撤退一步，右掌上提，用前臂拦格敌右腕外侧，阻截敌拳攻击。（图8-5）

图8-5

图8-6

2. 动作不停，我右掌外旋，扣抓住敌右腕向下、向右拽拉至胸前，顺势上左步于敌右脚跟后侧，同时，左掌配合上伸，以掌棱横切敌咽喉，向下、向后拨格，左腿扫踢敌右脚跟，致敌仰跌而出。（图8-6）

【技击要点】

此法乃趁敌一拳击来，或抓来之时，突封其势，而扫跌伤敌。

四、截蹬法

【实战举例】

1. 敌右进步，左蹬腿踢击我裆部。我迅疾撤退左脚一步，左转体之际，提起右脚挑击其左膝弯。（图8-7）

图8-7

图8-8

2. 动作不停，我方右脚一挑即顺势迅疾伸腿，以脚跟为力点，蹬击敌右大腿内侧根部，将其蹬跌而出。（图8-8）

【技击要点】

此法以腿破腿。

敌腿一出，其劲就被我挑腿所截，其势必失，是时乘隙反攻，乃是一个自然顺势的腿法。

五、弹腿法

【实战举例】

1. 敌右进步，右拳击打我面部。我方迅疾左脚后撤一步，左转体，右脚提起蹬击敌右膝盖，阻截敌进身攻击。（图8-9）

图8-9

2. 我出腿蹬中，则迅疾收腿待动。（图8-10）

图8-10

图8-11

3. 敌膝被蹬，势必佝腰护痛。我随即右腿弹出，以脚尖为力点，弹踢敌小腹。（图8-11）

【技击要点】

此法乃趁敌一拳击来之时，我出脚迎面阻截。

此腿一中，则敌必捧腿护痛。紧接弹踢小腹，敌必受重创。

六、割腿法

【实战举例】

1. 敌欲上右步进攻，我趁其右步刚一踏实之际，身向后侧，同时以左脚外缘，由右向左以锯木之势，照准敌右膝内侧施斜劲割之。（图8–12）

2. 敌腿被割，必痛苦难忍，其步必向后缩，而身向前倾。我趁机落步，左拳上翻，反背拳砸击其面部，重创敌方。（图8–13）

图8–12

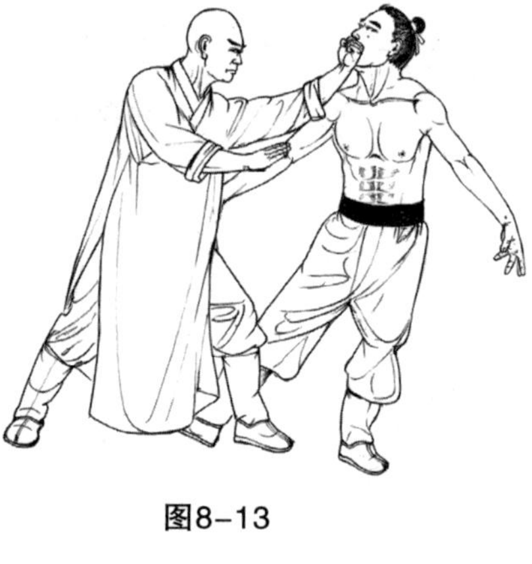

图8–13

【技击要点】

乘敌上步欲攻时，突施此法割其前腿而创之。

此法一应，敌下则腿步被截，上则眼面被封，大势已失，无可反抗。

七、横蹬腿

【实战举例】

1. 敌右进步，右拳击打我面部。我迅疾将左脚向后撤退一步，右掌向前、向上、向左横拦，以掌棱为力点格击敌右前臂内侧，阻截敌拳攻击。（图8-14）

图8-14

图8-15

2. 动作不停，我左掌随之上穿，拦敌右臂内侧向外划劲之际，提起左腿，向敌右肋部蹬击，将敌重创。（图8-15）

【技击要点】

此法乃乘敌一拳击来，巧蹬胁肋，断其肋骨。

此腿如能迎敌向我冲来之势，则敌肋骨断折更重。

八、膝撩腿

【实战举例】

1. 我前滑步进身，左掌推击敌面部。敌后滑步避让之际，提右手内裹，用右前臂内侧裹格我左腕外侧，阻截我左掌攻击。（图8–16）

2. 动作不停，我右掌随机而上，扑按敌面部；敌不及退身，而仰面避躲。我右膝紧跟而上，撞击敌腹部。（图8–17）

图8–16

图8–17

【技击要点】

此法乃与敌交手之间，突施而巧取要害。

此膝（短腿）如着，敌必受重创，非到万不得已，不可撞击敌裆部，一撞必残。

九、弹蹬腿

【实战举例】

1. 与敌对峙，我方手上虚晃，突出左脚挑击敌裆部。敌退身之际，双掌交叉下按，阻截我小腿前胫部，使我攻击腿失效。（图8-18）

图8-18

图8-19

2. 动作不停，我左腿被阻截，趁敌尚未施其他手法谋我之前，身向下坐，配合腰身向右后转劲之势，突施蹬诀弹直劲，以左脚掌照准敌心窝反蹬踹击。（图8-19）

【技击要点】

此法败中取胜，当我踢出之腿被阻截时，可施此法反创之。

此腿如蹬着，敌不但放弃阻截之双手，且必重创倒地。因为我转身反撑之劲力极猛，且心窝为要害。

十、勾绊腿

图8-20

【实战举例】

1. 敌右进步，右拳勾击我心窝。我迅疾撤退左脚一步，左手由外下按敌右肘，向下、向左圈缠，使敌右臂被困而外倾。（图8-20）

2. 动作不停，我一面缠困敌之右臂，同时上右步置于敌右步之后方，配合我右掌往左上方推其咽喉，左腿施勾绊诀斜劲，以足后胫向后勾绊其右腿，则敌重心一倾，往左后方仰跌。（图8-21）

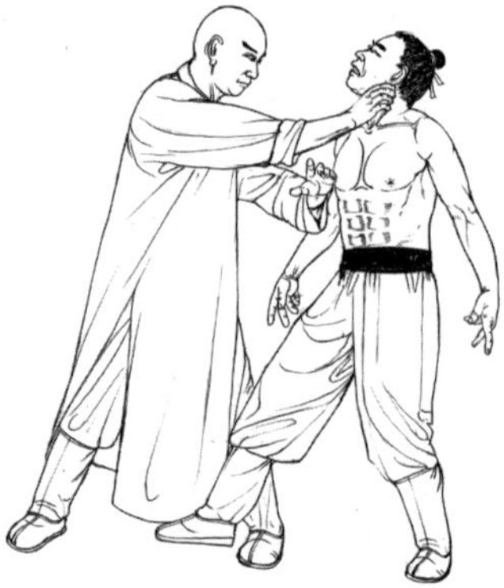

图8-21

【技击要点】

此法乃乘敌一拳击来时，封其来手，而反跌之。

敌来拳为直劲，我以横圈劲中途截之，则敌直力被破而中停，一时不能换劲，故受困。

十一、穿心腿

【实战举例】

1. 我前滑步进身，左拳击打敌面部。敌后退身之际，上挑右掌，用右前臂外侧格挡我左腕内侧，阻截我拳攻击。（图8-22）

图8-22

图8-23

2. 动作不停，我左拳受阻之际，身向左旋，出右腿，向敌心窝蹬击。（图8-23）

【技击要点】

此法乃乘敌封我手部时，突出穿心腿，反伤其心窝。

穿心腿乃少林正宗，最难学习，最难施用，亦最难预防。

十二、偷踹腿

【实战举例】

1. 敌突施右挑腿攻击我裆部。我后撤左脚一步，上体左转之际，顺势将右腿向上弯提，格开敌之右脚。（图8-24）

图8-24

图8-25

2. 动作不停，一格开敌右脚，即施蹬诀弹劲，配合身向左后旋转之势，照准敌左膝内侧，用右脚蹬击。（图8-25）

【技击要点】

此法以腿破腿，乘敌起腿踢来，我反起腿伤之。

敌膝侧被蹬，即不脱臼亦必跌地，因其支撑重心之后腿被横取故也。

十三、圈弹腿

【实战举例】

1. 敌突然飞起右腿，踹我左腿前胫。我乘敌来腿将及之际，略退左步，闪开其势，同时，重心稳定，顺势用右腿以足背挑击敌右膝弯，打散敌右腿之直劲。（图8–26）

图8–26

图8–27

2. 动作不停，我迅疾配合身向左后转之势，右腿向左方转圈形，以弹诀用足跟由下向上，弹击敌之下阴。（图8–27）

【技击要点】

此法以腿破腿，乘敌起腿踢我时，反以腿法取其裆。

此圈弹之法，一挑一弹，连贯一气，不可中断。

十四、探喉腿

图8-28

【实战举例】

1. 敌右进步，右拳击打我面部。我后滑步避敌拳锋芒之际，左掌拍敌右腕外侧，阻截敌拳攻击力。（图8-28）

2. 动作不停，我左掌贴住敌右腕向内、向下圈压之际，上体略左旋，提起右腿，用右脚掌外缘，由下向上、向外，对准敌方喉部割击。（图8-29）

图8-29

【技击要点】

此法乃乘敌攻取我中上盘时，用腿反创之。

此法极巧，不但因身之仰后而避开敌拳，同时顺势反割伤敌喉部。

十五、撞心腿

图8-30

【实战举例】

1. 敌右进步，右拳击打我面部。我略后挪身之际，右拳上挑，用右腕背侧阻截敌右腕外侧。（图8-30）

2. 动作不停，我右拳迅疾伸指外旋，扣抓敌腕向右腰间拽拉，左手肘臂抓压住敌右大臂助力，同时，右膝迎着扑来之敌，撞击其右腋窝或肋部或心口，将其重创。（图8-31）

图8-31

【技击要点】

此法乃乘敌一拳击来时，封其来手，而反以膝顶撞敌要害。

不论心窝、腋窝、肋部，都很难经受膝关节撞击。一旦撞上，心、肝、肺都会严重受损。

十六、跺膝腿

【实战举例】

1. 敌上左步，右扫腿踢击我左小腿外后侧。（图8-32）

图8-32

图8-33

2. 我迅疾收退左脚一步，避过敌脚的同时，左转体，提起右脚跺踏敌右膝弯外侧，并配合身体下坐之势，脚跟发力震击，重创敌膝。（图8-33）

【技击要点】

此法以腿破腿，乘敌以扫腿攻击我时，以跺诀反断其腿。此腿跺着，则不但可破其势，且其膝关节必折无疑。

十七、立连腿

【实战举例】

1. 敌右进步，右探捶击打我面部。我见敌势猛，左脚向右盖步偏身躲避敌拳锋芒。（图8-34）

图8-34

图8-35

2. 敌见我败走，势必赶步追击。我突然收步将重心移于右步，身向下沉，顺势起左腿，施蹬诀弹劲，反身向敌腹部蹬击。（图8-35）

3. 动作不停，我左脚迅疾落步，左旋身转势，右脚弹踢敌裆部。（图8–36）

图8–36

【技击要点】

此法败中取胜，乘敌攻势凶猛，我施败步诱敌深入，而以连环腿击，取其要害。

此腿不施则已，施之敌必难逃，盖敌虽身手敏捷，在瞬息之间，难防连环两腿。

十八、卧连腿

【实战举例】

1. 敌右进步，右冲拳攻击我。我见其攻势凶猛，无法招架防守，即假做败走。继而滑跌，跌时以右小腿及膝部贴地，两掌按于体右侧地面，同时，左腿向前斜上方蹬出，阻截敌进攻。（图8–37）

图8–37

2. 动作不停，我见敌止步，迅疾左翻身，两掌随翻转身按于左侧地面，同时，收回左脚撑地，右脚以足跟为力点蹬击敌右肋。（图8-38）

图8-38

【技击要点】

此法败中取胜，我跌倒或故意跌倒，乘敌欲上前谋我时，突施连环腿而创敌。

敌或中两腿，或仅中一腿，亦必负创倒地，我可乘机翻劲起身，继而制之。

十九、勾蹬腿

【实战举例】

1. 敌右进步，迎面一拳击来。我方欲不及，左旋身侧倒，两手按地面，避过敌拳，同时，以左脚背顺跌势将敌右脚后跟勾住，向我勾拉。（图8-39）

2. 动作不停，我右脚配合左脚勾拉之劲，施冷劲，照准敌右膝蹬击，则敌腿必断。（图8-40）

图8-39

图8-40

【技击要点】

此法乃乘敌一拳击来时，闪而断其腿。

二十、绞剪腿

【实战举例】

图8-41

1. 敌突然冲步上前，一拳打来，势急而不及闪避。我即施腰劲，身向后翻往左侧跌下，以两掌按地于身体左侧，同时，配合身向后翻仰之势，左腿向敌右脚内侧前伸，右腿向敌右脚后伸，迎力将敌腿部挟紧。（图8-41）

2. 动作不停，我两腿一将敌之腿部挟紧，即施腰劲，身向右挺转，用勾绊诀斜横劲，左腿向敌后方勾，右腿向敌前方绊压，形成迎力绞势，是时敌必失重心，向前扑跌。（图8-42）

图8-42

【技击要点】

此法乃乘敌一拳击来，闪避不及时，反跌伤敌，败中取胜。

二十一、单飞腿

【实战举例】

1. 敌右进步，右拳击打我面部。我迅疾仰身，顺势起左脚，以挑诀挑击敌右肘部。（图8-43）

图8-43

2. 动作不停，敌见我左腿挑去，定必身向后仰或后退。我迅疾左脚往前下一压，右脚蹬地而起，向前腾空弹踢而出，直踢敌咽喉部。（图8-44）

图8-44

【技击要点】

此法乃乘敌起拳来击时，以腿封之而反伤其面喉等部。

第九章

少林真传武松鸳鸯腿（二十一势）

武松拳，也叫“二郎拳”，是少林古传名门，具有北少林拳的特色，主要流传在山东、河南、江苏一带。

武松拳法，拳势粗犷，刚猛有力；拳脚并用，硬打快攻。主要内容有打虎架、鸳鸯腿、二郎对、醉酒拳、行者刀、打功夫。

“鸳鸯腿”，也叫“武松鸳鸯腿”，注重踢法，高腿低脚，长扫低铲，应有尽有，是此门最为重要的技法。今专选其腿击诸势，举例解析，而与同道共研共进。

一、躺步护裆

【实战举例】

1. 敌进右步，右拳击打我面部。我左脚向右盖步，上体右旋，避过敌拳。（图9-1）

图9-1

图9-2

2. 敌拳落空。我趁其换势，迅速沉身，左脚铲敌右脚踝关节或脚背，重创敌脚。（图9-2）

二、分水挑腿

【实战举例】

1. 我趁敌势未稳，左脚抢步上前，两手自胸前一分，左手反背掌击敌面部。敌退步仰身避过。（图9-3）

图9-3

图9-4

2. 我迅疾右腿前挑，顺势以脚尖挑击敌裆部，重创之。（图9-4）

三、白鹤亮翅

【实战举例】

1. 敌右脚进步，右拳击我下颌。我左脚退步，起双手托抱住敌右拳。（图9–5）

图9–5

2. 不让敌反应，左脚鞭踢敌腰部，将其击倒。（图9–6）

图9–6

四、单掌丁肘

【实战举例】

1. 敌右腿鞭踢我左腰。我左手反挂其左脚踝关节后侧，体略左旋，化解其鞭踢之力。（图9–7）

图9–7

图9–8

2. 右脚进步，右掌推击敌面部。敌后滑步，起右手格阻我右前臂外侧，化去我攻击。（图9–8）

3. 我进身右旋体，左肘摆击敌背右侧，并向前顶，致其跌扑。（图9-9）

图9-9

五、狮子大张口

【实战举例】

1. 我两手向敌前上作一虚晃，迅疾沉身，右腿擦地扫敌右脚跟。敌提膝避过我扫腿。（图9-10）

图9-10

2. 我起身，左脚垫步，右腿发力，用脚跟蹬踢敌腹部，将其重创。（图9–11）

图9–11

六、丹风朝阳

【实战举例】

1. 敌左脚进步，左拳击我胸部。我左脚撤退一步，右手上划，接住敌左腕内侧。（图9–12）

图9–12

2. 前滑步，左掌推击敌心口，将其重创。（图9-13）

图9-13

七、单撑腿

【实战举例】

1. 敌进步，右脚踩我小腿前胫。我左脚略向后收步，提右膝，避过敌右脚。（图9-14）

图9-14

2. 借提膝之势，伸腿向前撑出，以脚跟为力点，蹬踢敌小腹部，致其后倒。（图9-15）

图9-15

八、饿虎扑食

【实战举例】

1. 敌左脚进步，起右脚撩踢我裆部。我上体右旋，左腿下沉跪膝，避过敌脚之际，左拳下砸敌脚背，使其攻击失效。（图9-16）

图9-16

2. 砸落敌脚之际，迅疾起身，右拳冲击敌咽喉部。（图9-17）

图9-17

九、独立朝岗

【实战举例】

1. 敌右蹬腿踢击我胸部。我撤退左脚一步，沉身成右丁步，同时，右拳击敌右膝关节内侧部，使其攻击失效。（图9-18）

图9-18

2. 不让敌反应，迅疾向前弹出右脚，撩踢敌裆，将其重创。（图9–19）

图9–19

十、金鸡刷翅

【实战举例】

1. 我右脚进步，左掌推击敌胸。敌后滑步含胸，避过我左掌。（图9–20）

图9–20

2. 重心移于右腿，收左脚勾置于右膝后弯，立身向右倾，右拳冲击敌面部，将其击倒。（图9-21）

图9-21

十一、流星赶月

【实战举例】

1. 我双手交叉于胸前，左脚前移步，右脚向前抢出一步，两拳分开，右拳冲击敌咽喉。（图9-22）

图9-22

2. 随即，右旋体，两手收于身后，左拳击打敌心口，将其重创。（图9-23）

图9-23

十二、霸王敬酒

【实战举例】

1. 敌左垫步进身，右踹腿击我面部。我两腕交叉护于胸前，略后滑步沉身，避过敌腿。（图9-24）

图9-24

2. 敌腿发出未及收势，我前滑步进身，右手以持杯势击敌咽喉。（图9–25）

图9–25

图9–26

3. 随即，左掌前推，右脚提起前踏，踢击敌左膝关节，将其重创。（图9–26）

十三、侧冲拳

【实战举例】

1. 敌右脚进步，右冲拳击打我面部。我左脚撤步，左手前伸，掌棱拦格敌右前臂内侧。（图9–27）

图9–27

图9–28

2. 右脚前移半步，沉身成马步，右拳冲击敌腹部，重创之。（图9–28）

十四、双飞腿

【实战举例】

1. 敌右进步，右冲拳击打我面部。我收左脚，两拳交腕护于胸前，沉身成左丁步，避过敌拳。（图9-29）

图9-29

图9-30

2. 不让敌收势，我左脚上半步，右脚飞踢敌下颌。（图9-30）

3. 右脚下落之际，左脚蹬地而起，飞踢敌面部，将敌踢翻。（图9-31）

图9-31

十五、单鞭势

图9-32

【实战举例】

1. 我左脚上步，右掌推击敌面部。敌含胸缩颈，两拳护于面部两侧，避过我掌击。（图9-32）

2. 右垫步，左脚勾挂敌右脚跟，右旋身，将敌摔倒于地。（图9-33）

图9-33

十六、鹞子翻身

图9-34

【实战举例】

1. 敌左垫步，右鞭腿踢击我左小腿后侧。我迅疾收左脚于右脚内侧，沉身下坐成左丁步，同时，左掌下砍敌右脚背。（图9-34）

2. 右旋身，右腿后挂，摆踢敌后脑。（图9–35）

3. 右脚继续右旋，左脚蹬地腾身，向内旋踢敌后脑，将敌踢倒于地。（图9–36）

图9–35

图9–36

十七、灵弥护脑

【实战举例】

1. 敌右进步，双拳冲击我胸部。我左脚向后撤步，双拳用拳背劈砸敌两拳背，将其攻击拳砸落。（图9–37）

图9–37

图9–38

2. 随即，左脚向前弹出，撩击敌裆部，重创之。（图9–38）

十八、顺水推舟

【实战举例】

1. 我左脚向前虚踢一脚，敌惊而吞身避腿之际，我左脚向前跨进一步，右拳冲击敌心口。（图9–39）

图9–39

2. 随即，右脚向前跨进一大步，左掌再度推击敌心口，致其重创。（图9–40）

图9–40

十九、翻身探果

【实战举例】

1. 敌左进步，右蹬腿，踢击我面部。我后滑步，右旋身，避过敌腿。（图9–41）

图9–41

2. 趁敌收腿未及，我左旋身，右垫步，左脚踹击敌左膝关节内侧，将其踹跌。（图9–42）

图9–42

二十、脱袍让位

【实战举例】

1．敌方右鞭踢我左肋。我左脚收步，沉身下坐，两手交臂，左旋身，阻截敌右脚背。（图9-43）

图9-43

图9-44

2．我两臂用力一推，左脚上半步，右脚弹出，撩踢敌裆部。敌收落右脚，后垫步退身，吞腹收裆，避过我右踢。（图9-44）

3. 随即，右脚落步，左腿鞭踢敌腰部，将其重创。（图9–45）

图9–45

二十一、抱虎归山

【实战举例】

1. 敌右进步，右拳横击我头部。我收左步成左丁步，沉身避过。（图9–46）

图9–46

2. 不让敌换势，我左脚上踢外摆，右脚旋踢敌头部，将其踢翻而出。（图9-47）

图9-47

第十章

少林秘传地躺十八腿

（十八势）

少林地躺拳，是在跌、扑、翻、滚中，适时发挥弹、摆、蹬、踹、剪、撩、夹等腿法踢击对方要害，而达到进能制敌、退能防身的技击效果。

武松拳、燕青拳、醉酒拳、南派地术拳法、南蛇拳、就地十八滚、沾衣十八跌等少林诸拳，都有不少地趟腿技，今采其精招共成十八势，以供同道参研。

一、倒地勾踢

【实战举例】

1. 敌以右里合腿攻击我头部。我迅疾重心下降，左脚向外侧闪，上体前俯避过敌腿。（图10–1）

图10–1

图10–2

2. 动作不停，我身体继续向左侧扑倒，同时，用右腿向上勾踢敌裆部。（图10–2）

【技击要点】

下蹲应及时，反应要迅速。

倒地是要主动接近敌方，抓住时机，出腿要狠、准、有力。

二、后卧夹肋

【实战举例】

1. 我出手就被敌抓住手腕，左手伸护又被抓住。（图10–3）

2. 我双拳迅疾旋腕回拉，同时，两腿迅速下蹲，身体后倒，臀部着地，两腿屈膝上摆。（图10–4）

图10–3

图10–4

3. 动作不停，两腿继续快速有力地向上、向里摆动，先用两脚内侧夹击敌方两肋部，继迅速发力蹬击，重创敌方。（图10-5）

【技击要点】

旋腕要迅速有力。

后倒时两手要用力向下拉敌两臂，迫使敌上体前俯。

攻击快而有力，踝关节需要内翻，脚尖向上。

图10-5

三、侧倒顶膝

【实战举例】

1. 敌滑步进身，两手向我面部扑击。我迅疾撤退左脚避闪之际，敌却俯身捞抱我右膝。（图10-6）

图10-6

2. 我身体迅速右转、屈膝，重心下沉，臀部着地，双手向下用力撑地。（图10–7）

3. 动作不停，随即用左膝向上、向右迅疾横击敌头部右侧，重创敌方。（图10–8）

图10–7

图10–8

【技击要点】

在敌抱住我腿部，但还没有将我抱起之前，我即迅速坐撑地面，顶击要狠、准、快、猛。

四、后翻上蹬

【实战举例】

1. 敌右步前移，左横扫踢击我头部。我左脚迅速向后退一步，两腿屈膝下蹲，闪过敌攻击。（图10-9）

图10-9

2. 动作不停，我身体左旋后倒，臀、背、头依次着地，两手伸臂放于身体两侧，两腿屈膝摆起。敌身体右转，左腿随体转落地。（图10-10）

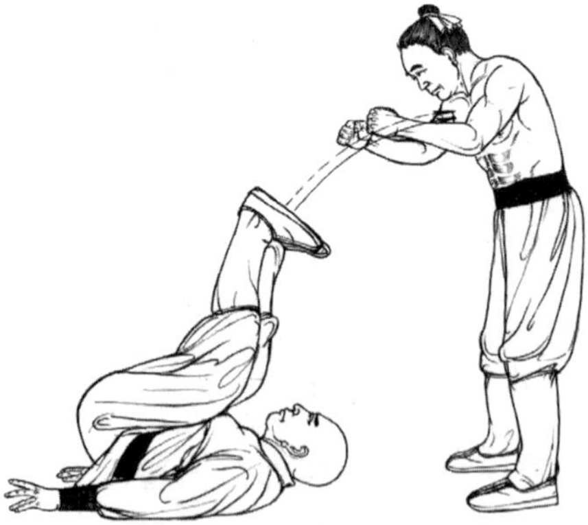

图10-10

3. 我两腿向前上方迅速摆起，攻击敌面部及胸部，同时，两手推撑，使头部离地，两脚尖发力，踢伤敌方。（图10–11）

图10–11

【技击要点】

退闪、下蹲要及时，滚翻要迅速。

攻击时两腿并紧，推掌要有力，抓住时机，借助滚动与推手的力量向上蹬腿。

五、撑地摆扫

图10–12

【实战举例】

1. 我用右脚攻击敌之时，被敌双手接住而旋拧之际，我上体向左旋前俯，两手撑地。（图10–12）

2. 动作不停，我身体继续左转，左腿向上、向右摆击敌方后背，形成绞剪腿势，绞翻敌方。（图10-13）

【技击要点】

撑地时臂要伸直。

在攻击时，要注意重心的把握，转体、拧腰、摆踢要协调、迅速、有力。

图10-13

六、跪撑踹腹

【实战举例】

1. 敌滑步进身，右拳击打我面部。我迅疾左盖步避躲。（图10-14）

图10-14

2. 随即，我右腿屈膝跪地，上体前俯，两手用力撑地，起左腿用力向后踹击敌小腹。（图10–15）

图10–15

【技击要点】

盖步、跪膝要一气呵成。

击腹时，左腿伸展要快，同时，要利用两手推地助蹬的力量，效果更佳。

七、后倒蹬裆

【实战举例】

1. 敌左垫步进身，右脚蹬踢我胸部。我迅疾上体左转，闪过来腿，并用右手接住敌右脚后跟。（图10–16）

图10–16

2. 动作不停，我两腿弯曲，身体后倒，臀、背依次着地，并快速起右腿向上蹬击敌裆部。（图10–17）

图10–17

【技击要点】

转身要快，右手接抓要牢。倒地与蹬腿要同时，右手向回拽拉其右腿，左手要注意防护自己。

八、后倒顶臀

【实战举例】

1. 敌左脚上步进身，双手抓按我双肩，欲使摔法。我迅疾用双手抓住敌双肩，双方僵持。（图10–18）

图10–18

2. 我两腿迅速弯曲，重心下降，身体后倒，两手用力抓敌双肩下拉，迫使敌向前移步，上体前俯。我随即两手换抓握其双肘部，同时，右腿屈膝向上顶击敌后裆部，将其过顶掼出。（图10-19）

图10-19

【技击要点】

后倒要突然。
换握敌臂要快速、牢固。
攻击要迅猛、有力。

九、侧倒勾腿

【实战举例】

1. 我用右腿踹击敌腹部。敌闪身，双手接抱。（图10-20）

图10-20

2. 我上体迅疾向左侧倒地，左腿伸直向敌右腿后面插摆。随即屈左膝，向右勾击其右腿，同时，右蹬腿发力撑击敌小腹。（图10-21）

图10-21

【技击要点】

侧倒要正确、及时。

左腿勾击时，右腿也要同时用力向前踹蹬敌小腹。

十、跌身扫踢

【实战举例】

1. 敌左垫步进身，右腿蹬踹我胸部。我迅疾收退左脚，向外闪步，两腿屈膝，重心下降，上体前俯，闪过敌腿攻击。（图10-22）

图10-22

2. 动作不停，身体侧倒，左侧着地，并迅速以右腿扫踢敌方右踝外侧。（图10–23）

图10–23

【技击要点】

侧身倒地时，要注意正确的方法，以免跌伤；上体要保持肌肉绷紧，以免疼痛。

俯身躲闪，扫击动作要迅猛、及时。

图10–24

十一、背摔击头

【实战举例】

1. 我右手刚出，腕部就被敌左手抓握。（图10–24）

2. 我迅疾身体左转，左脚向后收步之际，右脚跨上一步，同时，右手握拳内屈腕，猛然上提，右腕从敌方左大拇指侧脱出。（图10-25）

图10-25

图10-26

3. 动作不停，我左腿屈膝，身体后倒，背部着地，同时，急起右脚向上踢敌头部右侧。（图10-26）

【技击要点】

转身、上步、抓腕要突然迅速，一气呵成。

身体后倒要注意动作正确。

身体右倒、右腿上摆踢要迅速快捷，不给敌反应机会。

十二、侧倒挫腿

【实战举例】

1. 敌用左手抓住我左腕不放。（图10-27）

图10-27

2. 我迅疾握拳内勾下拉，同时，沉身下坐，臀部落地，右手按于体右侧地面，伸左腿，用左脚扣住敌左脚后跟。这时，身体稍右转倒地，右脚蹬击敌左小腿前胫，使我右腿与左腿形成交叉状，挫击敌腿。（图10-28）

图10-28

【技击要点】

侧倒时，右掌与上体应同时着地，并使肌肉绷紧。两脚交错使劲，须用抖震之力。

十三、坐地前踢

【实战举例】

1. 敌左垫步进身，右腿蹬踢我面部。我迅疾上体后仰，并且两腿屈膝下蹲，右手撑地，避过敌腿攻击。（图10–29）

图10–29

2. 动作不停，我左手迅速落撑于左臀侧地，臀部坐地。当敌右脚着地时，我迅疾起双腿，向前蹬击敌方小腿前胫骨，重创敌方。（图10-30）

图10-30

【技击要点】

反应要及时，闪防要迅速。

在攻击时，两手撑地要稳，两脚尖要外展，迅猛有力。

十四、前滚翻踢

图10-31

【实战举例】

1. 敌左脚跨上一步，左拳击打我面部。我略后滑步，两腿屈膝半蹲，上体前俯，低头闪避敌拳攻击。（图10-31）

2. 动作不停，我两手迅速撑地，两脚蹬地，同时提臀、屈臂、低头，向前翻滚，两腿向上摆起，迫使对方撤步。（图10-32）

图10-32

图10-33

3. 随即，我背、腰、臀部依次着地，当臀部着地时，右腿迅速攻击对方裆部。（图10-33）

【技击要点】

滚翻时要含胸、收腹、团身、屈腿，要注意正确的动作，要迅速灵活。

攻击及时，准确有力。

十五、抢背侧踢

【实战举例】

1. 敌前滑步进身，左拳击打我面部。我迅疾后滑半步，两腿屈膝下沉，身体前俯，避过敌拳攻击。（图10-34）

图10-34

2. 随即，两手撑地，两臂弯曲，低头卷体向前倾倒，前滚翻迫使敌后撤步。（图10-35）

图10-35

3. 肩、背、右臀、右腿依次着地滚动，右腿着地时，左腿迅速以侧踢攻击敌裆部。（图10–36）

图10–36

【技击要点】

两手撑地时要与肩同宽。

滚动时要用力撑地，以增加滚动速度。

攻击要迅猛有力，攻击目标准确。

十六、翻身绞铲

【实战举例】

1. 敌上跨左步进身，两拳连环出击，攻击我面部。我迅疾左盖步，上体右侧倒，两掌按于右侧地面，右腿伸膝插于敌裆下两脚之间。（图10–37）

图10–37

2. 动作不停，我身体向左翻滚，同时，右腿向前、向上绞掀敌左腿，左腿微屈勾绊敌右脚跟，将敌致跌。（图10–38）

【技击要点】

以翻滚、拧腰、收腹带动左腿迅速绞击。
左右腿发力动作要同时进行，掀绊要迅猛有力。

图10–38

十七、倒地插腿

【实战举例】

1. 我左踹腿攻敌时，被敌接住拧扭，使我上体右旋倾倒。我迅疾两手撑地。（图10–39）

图10–39

2. 随即，我右腿贴地向敌双腿后插伸，右腿向前，左腿向后，用力剪击，使敌身体向后摔倒。（图10–40）

【技击要点】

两手撑地要有力，两臂要伸直。

插伸是要靠近对方两腿，剪击后立即收腿站起，准备再次攻击。

图10–40

十八、侧倒剪腿

【实战举例】

1. 敌上左步逼近我；我身体侧倒，左侧着地。敌继续向我逼进；我两腿分开伸直，左腿在对方腿前、右腿在其腿后。（图10–41）

图10–41

2. 随即左腿向后、右腿向前，剪其两腿，使其前扑倒出。（图10–42）

图10–42

【技击要点】

倒地时要注意方法正确，伸腿要及时。

攻击时，两腿用力要一致，迅速有力。